VOYAGE

DANS

L'OUDOÉ & L'OUZIGOUA

(ZANGUEBAR)

PAR

Le R. P. BAUR

Vice-préfet apostolique du Zanguebar

LYON

IMPRIMERIE MOUGIN-RUSAND

3, Rue Stella, 3

1882

VOYAGE

DANS

L'OUDOÉ & L'OUZIGOUA

(ZANGUEBAR)

Chapelle de Notre Dame de Bagamoyo; d'après une photographie.

VOYAGE

DANS

L'OUDOÉ & L'OUZIGOUA

(ZANGUEBAR)

PAR

Le R. P. BAUR
Vice-préfet apostolique du Zanguebar

LYON
IMPRIMERIE MOUGIN-RUSAND
3, Rue Stella, 3

1882

(Extrait des *Missions Catholiques*).

Le Kingani à son embouchure; d'après un croquis du R P. Leroy. (voir p. 12).

VOYAGE

DANS

L'OUDOÉ & L'OUZIGOUA

(ZANGUEBAR)

Au T. R. P. Emonet, supérieur général de la Congrégation du St-Esprit et du St-Cœur de Marie, ancien préfet apostolique de la Guyane française.

Vous me demandez la relation du voyage que je viens de faire dans le but de visiter nos stations déjà fondées et chercher des emplacements favorables pour en établir de nouvelles. Je m'empresse d'accéder à vos désirs et de vous transmettre les détails qui peuvent vous intéresser.

Mais, d'abord, une remarque est bonne à faire : au Zanguebar, on ne voyage pas comme partout. Nous n'avons ici ni les chemins de fer d'Amérique, ni les palanquins de l'Inde et de la Chine, ni les chevaux de l'Arabie, ni les chameaux du Sahara, ni les wagons du Cap avec leurs attelages de gros bœufs, ni même les pirogues sur lesquelles vous avez remonté les fleuves de la Guyane. Avant tout, le missionnaire de ce pays doit donc avoir de bonnes jambes et s'estimer heureux de pouvoir, parfois, se procurer un humble bourriquet, ordinairement plus robuste et plus beau que ceux de France, mais trop souvent plus opiniâtre, et, comme tous les êtres qui se voient néces-

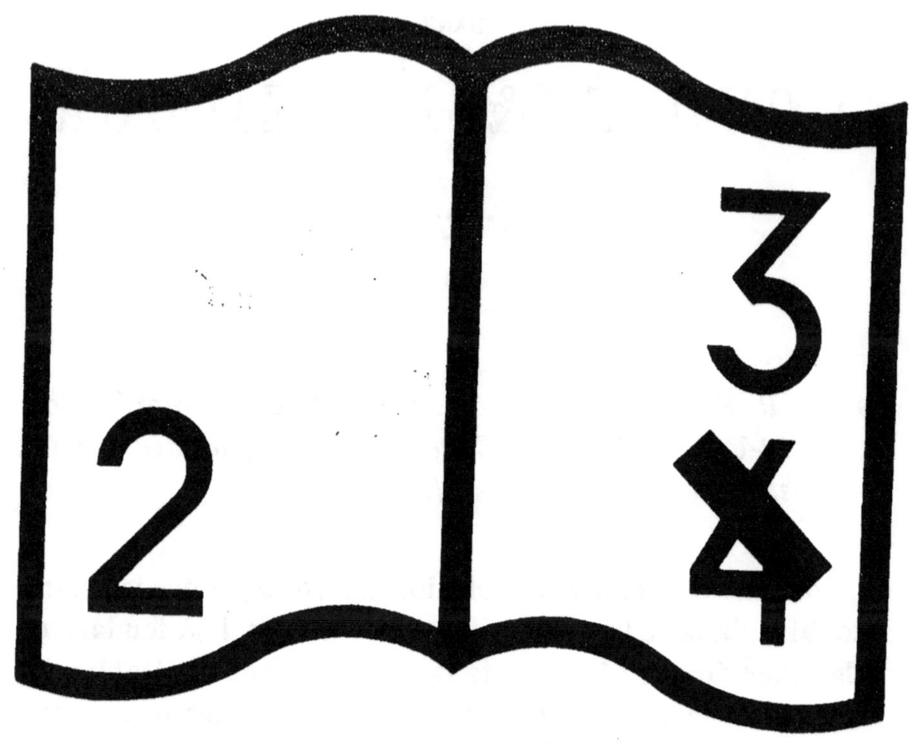

Pagination incorrecte — date incorrecte

NF Z 43-120-12

saires, se faisant un malin plaisir de créer mille embarras à son cavalier et de lui jouer des tours auxquels un âne d'Europe n'aurait jamais osé arrêter sa pensée.

Tous les transports se font à dos d'hommes, et par quels chemins ! Nos meilleures routes sont des sentiers tortueux qui se déroulent à travers de hautes herbes et d'épaisses broussailles, d'ordinaire moins fréquentés par les hommes que par les bêtes fauves et où deux voyageurs ne peuvent marcher de front.

Encore si la monnaie passait dans ces pays ! Mais tous les échanges se font en nature, et, pour se procurer les choses les plus indispensables à la vie, on est obligé d'emporter avec soi des marchandises de toute espèce, de sorte que, pour peu que le voyage soit long, la caravane devient facilement nombreuse et les embarras se multiplient. Des étoffes, des verroteries, du fil de laiton, des couteaux, des pioches, des miroirs, etc : voilà la monnaie courante. On la charge, avec sa tente, son hamac et sa batterie de cuisine, sur le dos de *pagazis* ou porteurs: chaque homme prend ordinairement 70 livres.

Je quittai Bagamoyo le 16 janvier avec le P. Hacquard, qui, cinq jours seulement après notre retour, devait nous dire adieu pour le Ciel. Nous avions avec nous douze porteurs, gens éprouvés et connus, six de nos chrétiens et deux ânes. Les PP. Leroy et Fritsch nous accompagnèrent jusqu'à la première étape.

Nous nous dirigeâmes vers le nord par le chemin de Windé, et, arrivés au Kingani, nous prîmes une grande pirogue qui nous attendait pour nous faire descendre le fleuve ; car nous devions le passer près de son embouchure, dans un endroit où la vase est ordinairement moins profonde. Mais ce ne fut qu'après deux heures de lutte contre le courant de la mer, qui entrait déjà dans le fleuve, que nous parvînmes à l'autre bord : il était midi. Une demi-heure après, nous étions en route avec notre petite caravane.

Une large lagune s'ouvre devant nous. Dans les basses marées et pendant la saison sèche, le sol est assez ferme, et, malgré les larges traces laissées par les hippopotames, on peut traverser sans difficulté ; mais, à marée haute ou après une grande pluie, la marche est extrêmement pénible : cette lagune n'est plus alors qu'une boue noire et fétide dans laquelle on enfonce, ici jusqu'à la cheville, là jusqu'aux genoux, quand on ne s'étend pas tout de son long dans un trou, ou qu'on ne reste pas engagé dans des racines de palétuviers.

Au sortir de cette plaine marécageuse et sur une petite éminence, se trouvent quelques cases de noirs qui font du sel : au-delà, des hautes herbes et des broussailles, du milieu desquelles sortent d'énormes baobabs. C'est ici que s'ouvre le chemin que nous devons suivre ; on monte insensiblement, et, après une heure et demie de marche, on aperçoit des manguiers, des cocotiers, et, plus loin, un bon nombre de cases éparses au milieu de plantations bien entretenues : c'est Karabaka.

Autrefois, ce village était assez considérable ; mais les cultures étant sans cesse ravagées par des troupaux d'antilopes, de girafes, d'hippopotames; et les hommes n'étant pas eux-mêmes en sûreté à cause de la grande quantité de bêtes fauves qui se trouvent dans ces parages, plusieurs habitants sont allés chercher ailleurs fortune et tranquillité. J'ai déjà passé là plusieurs fois, et cette crainte des noirs me paraît parfaitement justifiée : à peine le soleil est-il couché, qu'on entend les gémissements des hyènes, les cris des léopards, les hurlements des chiens sauvages, et, de temps à autre, le rugissement du lion qui domine tout et qui inspire je ne sais quel effroi au chasseur le plus exercé et à l'âme la mieux trempée. Quand on a fait une journée de marche au soleil d'Afrique, on aurait besoin d'une autre symphonie pour porter au sommeil.

Néanmoins, nous passâmes cette nuit à la belle étoile, près de la case de Sungou-Sungou, chef du village et notre ami. A l'abri d'un grand arbre, étendus sur des hamacs dont nous avions attaché les extrémités aux branches, entourés de nos porteurs, ayant à côté de notre camp un petit feu que nous avions allumé pour empêcher les hôtes de ces plaines de venir nous visiter (voir la gravure p. 14), nous aurions bien dormi sans les nuées de moustiques qui s'abattirent sur nous et nous empêchèrent longtemps de fermer l'œil. Aussi, le lendemain, tout le monde fût-il de bonne heure sur pied, prêt à se mettre en route. Il était quatre heures quand nous levâmes le camp, et ce fut au chant du coq que nous reçûmes les adieux et les souhaits de nos deux confrères, qui regrettaient beaucoup de ne pouvoir nous accompagner : ils rentrèrent à Bagamoyo après avoir tué un écureuil, un serpent et un singe dans les bois, et blessé un énorme crocodile qui alla se perdre au fond du Kingani.

Au-delà de Karabaka, on a à traverser des plaines immenses, incultes et inhabitées, d'un aspect monotone, mais d'une végétation puissante. Ce sont tantôt de vastes prairies dont les herbes s'élèvent au-dessus de nos têtes, tantôt des touffes d'arbres, des fourrés, des bois presque impénétrables à cause des lianes sans nombre qui s'y entrecroisent et des arbustes épineux qui y poussent. Malheur au voyageur trop curieux ou trop distrait qui s'y engage : il n'en sortira pas sans voir sa peau déchirée et son habit en pièces.... On ne rencontre là ni habitation, ni rivière, ni ruisseau : seulement, dans trois endroits sur notre parcours, le voyageur trouve une eau blanche et saumâtre dans des espèces de mares plus ou moins profondes et où vient s'abreuver le gibier, qui, comme je l'ai dit, est très abondant. Plus d'une fois, nous avons aperçu des troupeaux d'antilopes et de zèbres; peu de temps après avoir quitté la station de Karabaka, à 200 mètres de notre chemin, nous avons compté près de quarante girafes qui dressaient leurs têtes au dessus des hautes herbes et broutaient paisiblement les feuilles d'une espèce *d'acacia horrida* dont cet animal est très friand.

Par une pente douce, nous arrivons insensiblement sur une chaîne de collines, à 400 mètres à peu près au-dessus du niveau de la mer, et, à une heure de l'après-midi, nous étions arrêtés au premier village de l'Oudoé, chez Simba-mbili. Simba-mbili (c'est-à-dire Deux-Lions) est un chef assez influent avec lequel j'avais déjà fait connaissance dans mes précédents voyages. C'est un bon vieillard qui a certainement dépassé la centaine. De ses deux femmes, il a eu quarante enfants qui vivent encore presque tous, répandus dans l'Oudoé et chefs de différents villages : depuis longtemps déjà, ils ont eux-mêmes des enfants, lesquels seront bientôt pères à leur tour. Les trente à quarante cases de son village, à lui, ne renferment guère que des vieux et des vieilles : on dirait le sénat de l'Oudoé. Ce brave patriarche nous reçut très bien, nous logea chez lui, nous combla de politesses ; mais, comme il est pauvre cette année-ci, il s'excusa de ne pouvoir nous offrir que deux poules et quelques épis de maïs. A mon tour, je lui frottai le dos avec de l'huile fortement pimentée pour chasser un rhumatisme dont il se plaignait et lui donnai un vieux tricot pour réchauffer un peu ses membres : il en fut enchanté.

Les Européens, qui sont allés jusqu'aux Grands Lacs et

dont quelques-uns même ont traversé l'Afrique, n'ont pas encore visité l'Oudoé : nous avons été les premiers à parcourir ce pays et à entrer en relation avec ces pauvres gens, quelque peu anthropophages il est vrai, mais trop mal famés et si dignes d'intérêt. Les Arabes ne s'aventurent pas de ce côté là non plus, et pour cause. Cette contrée étant presque inconnue, je vais vous en parler un peu.

L'Oudoé se trouve entre deux fleuves : le Kingani qui le sépare au sud de l'Ouzaramo, et le Wamé qui le borne au nord et le sépare de l'Ouzigoua. A l'est, il s'étend presque jusqu'à la côte ; au sud-ouest, il touche à l'Oukwèré, et à l'ouest il confine l'Oukami. La carte qui accompagne cette étude rectifie les inexactitudes de celles publiées jusqu'ici.

Les Wadoé sont de beaux hommes, forts, robustes, tous agriculteurs. Dans leurs campagnes, qui sont bien travaillées, ils cultivent en abondance le maïs, le mtama ou sorgho, la patate, le manioc; ils n'ont pas d'arbres fruitiers et c'est à peine si l'on peut chez eux se procurer quelques bananes. Les troupeaux de moutons et de cabris, qu'ils élèvent en grand, font leur principale richesse. Ils n'ont pas d'esclaves. Leurs villages sont en général placés sur les sommets des montagnes et cachés dans des fourrés : un étroit sentier soigneusement détourné y conduit. Tous sont entourés de lianes, d'épines, de broussailles ; plusieurs sont fortifiés avec des palissades faites de gros morceaux de bois et de troncs d'arbres. L'entrée en est ordinairement masquée par une petite case fétiche et un tas de cendres, ce dernier plus ou moins élevé selon la grandeur du village. Les cases sont rondes, toutes en paille, distribuées sans ordre : on dirait des meules de foin (voir la grav., p. 21).

Le pays est partagé en quatre districts, gouvernés par un grand chef ou *mwené*. De lui dépendent d'autres mwenés qui sont chefs de villages et qui lui paient un

En voyage. — La nuit à Karabaka; d'après

tribut annuel : son autorité est souveraine. Ces grands mwenés, laissent pousser leur barbe qui devient parfois assez longue, leurs ongles qu'ils taillent en forme de griffes de lion et leurs cheveux qu'ils tressent et qu'ils oignent avec de l'huile de coco et du suif de mouton. Ils arrivent, avec ces soins, à se donner un aspect repoussant et à répandre autour d'eux des parfums d'une odeur tout à fait africaine et très propre à soulever le cœur d'un Européen. Ils se cachent à l'approche d'un étranger et il est très difficile de les voir et de leur parler. Du reste, ces mwenés ne peuvent pas se visiter entr'eux, car si, par malheur, le regard de l'un tombait sur l'autre, l'un d'eux, croient-ils, mourrait infailliblement dans l'année. Quand donc ils ont à se parler, ils désignent le village où se fera la conférence et se donnent rendez-vous dans une case à quatre compartiments séparés : l'échange de paroles se fait par-dessus les murs.

Quand l'un d'eux meurt, on lui creuse une tombe, et on enterre avec lui quelques femmes qui doivent être ses servantes dans l'autre vie, puis on organise des danses, on fait de grands festins, on boit du sang dans des crânes et on se régale de chair humaine. Pareils sacrifices à l'élection d'un nouveau mwené. Mais comme ils ne se mangent pas entr'eux et que, pour certaines cérémonies, il leur faut des victimes humaines, des chasses à l'homme ont été organisées. La chair des Wakami, leurs voisins, leur paraît exquise et supérieure à toute autre : aussi, à différentes époques de l'année, ils s'en vont par centaines, sur un ordre d'un chef, se poster à l'affût dans les broussailles, vers les confins de l'Oukami. Ils se tiennent ordinairement près des sentiers, et quand un homme passe, ils tombent sur lui, le prennent, l'entraînent et ainsi, jusqu'à ce qu'ils aient le nombre de prisonniers demandé. Souvent les caravanes qui partent pour l'intérieur sont ainsi arrêtées ou retardées dans leur route; souvent aussi, elles sont obligées de prendre un autre chemin plus difficile et plus long, parce que les porteurs ne se soucient guère de faire les frais du déjeuner de ces cannibales. La première fois que je m'arrêtai dans leur pays (il y a déjà quelques années), les Wadoé accoururent des villages voisins et ils eurent bientôt entouré notre petite caravane : la peau blanche des missionnaires fixa d'abord leur attention ; mais, ensuite se montrant l'un à l'autre tels et tels de nos porteurs :

« — Que celui-là serait bon ! » disaient-ils en se faisant claquer la langue.

« — Moi, je n'en voudrais pas, faisait un autre : il sent l'arabe; mais ce grand là, qui ressemble à une girafe, doit être excellent... »

Et nos pauvres gens, tremblants comme des feuilles, s'envoloppaient dans leurs couvertures et s'efforçaient de ne pas entendre. Du reste, ils en furent quittes pour la peur : il n'y avait pas en ce moment de grande cérémonie, et je crois que les Wadoé voulurent plaisanter à nos dépens...

Ils aiment à s'entretenir avec nous; mais,quand on leur parle de ces pratiques sanguinaires, ils prennent immédiatement des airs d'innocence et rejettent la faute sur un village voisin, le village voisin en fait autant; de sorte que tous les Wadoé mangent avec délices leurs semblables, excepté ceux que l'on interroge sur cette question délicate.

Cette vieille coutume, naturellement, leur attire la haine de toutes les peuplades d'alentour, et souvent la guerre. Séïd Saïd, le père du sultan actuel de Zanzibar, avait même juré par la barbe du prophète de les exterminer jusqu'au dernier. On pillait leurs campagnes, on brûlait leurs villages, on les traquait comme des bêtes fauves. Ceux qui étaient saisis étaient vendus comme esclaves à vil prix, et on pouvait en avoir un pour quelques épis de maïs ; encore, même à ce prix, était-il difficile de trouver des acheteurs. Mais on n'est pas arrivé à les déloger de leurs broussailles et du sommet de leurs montagnes. Depuis une vingtaine d'années, cette guerre à outrance a cessé, les Arabes se sont retirés et les Wadoé sont restés libres et anthropophages.

Très sévères pour les mœurs, ils châtient sévèrement les fautes contre la fidélité conjugale ; le vol est puni de mort, l'homicide est passible de la même peine. Dans ce voyage, nous avons rencontré sur notre chemin, à un quart de lieue d'un village, deux cadavres suspendus par les pieds à des branches d'arbres, à quatre mètres au-dessus du sol, les mains liées derrière le dos, secs comme des morceaux de bois ; leurs vêtements étaient là, sur d'autres branches (voir la gravure p. 27). Informations prises, je sus que l'un d'eux avait été arrêté en flagrant délit de vol : on l'avait pendu et tué à coups de fusil. L'autre avait assassiné un de ses camarades qui lui avait refusé un morceau de volaille : celui-ci avait été pendu à côté du premier, et les femmes lui avaient fracassé la tête à coups de pierres.

Les Wadoé sont païens et fétichistes : chez ce peuple, comme du reste dans les pays d'alentour, les sorciers jouent un rôle important et exercent une influence très considérable. On en trouve qui sont chefs de villages. On les consulte souvent, dans les grandes et les petites circonstances de la vie, pour tout et pour rien. Quand quelqu'un vient à mourir, ils désignent les personnes qui ont fait des maléfices et causé cette mort : on prend alors ces prétendus coupables et on les brûle tout vifs. Pareillement, si un enfant vient au monde en un jour néfaste, s'il apporte quelque défaut corporel, pour tout dire en un mot, si le sorcier l'ordonne, on jette impitoyablement le pauvre petit dans les broussailles où il devient la proie des bêtes fauves.

La polygamie, non plus que l'esclavage, n'est pas générale chez ce peuple : seuls, les chefs ont plusieurs femmes.

Au dire des anciens, les Wadoé ne sont pas originaires de cette contrée : ils descendent des Manyémas, qui habitent à l'ouest du Tanganika et qui ont été visités par Livingstone en 1870 et plus tard par Cameron. Ils parlent, en effet, la même langue et ont à peu près les mêmes coutumes. Comme les Wadoé, les Manyémas sont anthropophages.

Vous le voyez, nous n'avons pas besoin de franchir de grandes distances et de dépenser beaucoup d'argent pour trouver des peuples abandonnés : à quelques lieues de Bagamoyo, les tribus sont aussi sauvages et les coutumes aussi barbares qu'au centre de l'Afrique ; elles le sont même quelquefois davantage. Ah ! que n'avons-nous les ressources nécessaires pour établir une station chez ces pauvres noirs et leur envoyer quelques missionnaires ! Si misérables qu'ils soient, il y a plus d'espoir de les évangéliser avec fruit que les Mahométans. Depuis que nous avons fait leur connaissance, nous traversons librement leur pays pour aller à notre mission de Mandéra : ils nous reçoivent toujours bien, viennent nous visiter à Bagamoyo, et maintenant qu'ils nous connaissent, ils seraient heureux de nous voir nous établir chez eux. J'en ai l'espoir, leur jour viendra bientôt ; mais, de grâce, des hommes et des ressources !...

Cases de Vadoé (voir p. 14).

Le 18, nous quittâmes Simba-mbili à six heures, nous dirigeant vers le nord-ouest. Ici, le pays commence à prendre un autre aspect : la plaine est finie. Nous ne faisons que monter et descendre, traverser de belles vallées cultivées avec soin et gravir des collines très escarpées couvertes de broussailles et d'épaisses forêts. On rencontre là beaucoup de cactus-candélabres atteignant des hauteurs extraordinaires, des arbres à copal, des sagoutiers de toute beauté, des strychnos chargés de fruits, des lianes de toute espèce et de toute forme, et en particulier la précieuse liane du voyageur, qui, comme de grosses cordes, monte le long des arbres et s'enroule autour des branches : de loin, on dirait un énorme serpent. Dans le pays, on l'appelle *kamboa*. En la coupant par le bas et en faisant une incision à une certaine hauteur, on obtient une eau assez abondante pour en remplir des bouteilles, eau délicieuse, un peu sucrée, rappelant le lait de coco. C'est une bonne rencontre pour le voyageur dans un pays où l'on ne trouve dans les mares qu'un liquide saumâtre et bourbeux. Dans ces forêts, que traversent ici et là de petits sentiers conduisant à des villages, on voit aussi une grande variété de fleurs, beaucoup d'espèces surtout de convolvulus, de lis, d'amaryllis, dont les oignons sont parfois d'une grosseur exceptionnelle. Il y a, entr'autres, un amaryllis magnifique dont l'oignon pèse plus de quinze livres ; sur sa tige unique, nous avons compté plus de soixante-dix fleurs de couleur laurier-rose, formant un bouquet de toute beauté. Nous avons rencontré les mêmes espèces de plantes dans plusieurs endroits de l'Ousigoua.

Malgré l'absence de cours d'eau, la végétation est splendide et le pays d'une fertilité étonnante. Le sol est argileux, la terre rouge couverte d'une épaisse couche d'humus.

Les pierres calcaires sont rares: presque partout on trouve du quartz et du grès.

Après avoir longtemps traversé collines et vallées, on arrive enfin sur un plateau élevé d'où l'on domine tout le pays: le coup d'œil est superbe.. Devant soi, au nord-ouest, s'étend une plaine immense où surgissent ici et là quelques villages au milieu de grandes plantations de cannes à sucre, de maïs, de sorgho, etc. et à travers laquelle coule le Wamé qui l'inonde pendant la saison des pluies. L'œil, remontant plus haut, aperçoit le même fleuve sortant d'une longue vallée étroite et serpentant au pied des montagnes de Kiona (en français Belle-Vue) et de Mghi-ghèma (Bonne-ville). Derrière soi, s'étend le pays si agréablement accidenté, les collines et les vallées que nous venons de traverser; au nord apparaît la même chaîne de collines, couvertes partout de villages fixés là comme des nids de vautours, et au nord-ouest, voici l'Oukouèré, semblable à une immense forêt.

Le plateau, d'où nous admirions cette belle nature africaine, est occupé par un grand mwénè : je fis arrêter la caravane et le P. Hacquard et moi, avec quelques porteurs, nous nous dirigeâmes vers son village. Le trouver n'était pas chose facile : nous enfilâmes un petit sentier, choisi entre beaucoup d'autres qui se croisaient dans un épais fourré, et, après 4 à 500 mètres de tours et de détours, nous parvînmes enfin devant la porte d'entrée. Elle se compose de huit grosses pièces de bois équarries, suspendues verticalement à une autre pièce transversale, de sorte qu'il faut les pousser par le bas l'une après l'autre, les placer sur une espèce de fourche qui les retient et arriver ainsi dans l'enceinte du village.

Comme le mwénè ne s'attendait pas à pareille visite, il n'eut pas le temps de se cacher : nous le surprîmes assis sur le faîte de sa case, occupé à la couvrir. En nous apercevant, il fut comme saisi de stupeur ; puis, se remettant un peu, il se laissa glisser de l'autre côté du toit, et s'étant fait apporter à la hâte son bonnet de chef, son écharpe, son *zime* (sabre), il vint gravement s'asseoir sur son siège, espèce de tabouret fait avec un tronc d'arbre grossièrement sculpté, et nous invita à prendre place nous-mêmes sur un kitanda ou lit de corde de coco qui se trouvait à ses côtés. Mais à peine étions-nous assis que les gens du village arrivèrent pour rendre hommage à leur chef : chacun déposait à ses pieds son fusil, son sabre et son couteau, se mettait à genoux, et, faisant une inclination profonde, frappait des mains en disant : « *Tcha mwé !...* » (abrégé des mots *Kutcha mwénè* — les griffes du chef) ; à chacun le mwénè répondait par un grognement sourd et prolongé qui imitait le long rugissement du lion.

La cérémonie terminée, et tout le monde étant disposé en cercle autour de nous, le chef nous salua enfin et nous demanda d'où nous venions, où nous allions. Je lui répondis que nous étions de Bagamoyo et que nous nous rendions à Mandéra et sur les montagnes du Ngourou pour visiter nos frères : arrivé devant son village, je n'avais pas voulu passer outre sans venir le saluer et faire sa connaissance. Il parut satisfait :

« Ah ! c'est vous, dit-il, qui sans doute avez déjà voyagé dans mon pays : on m'a parlé de vous et des blancs qui sont à Mandéra, on m'a dit qu'ils n'ont enlevé les femmes de personne et qu'ils n'ont point fait d'esclaves ; on les aime partout. Je suis heureux de vous voir. »

Il dit ensuite quelques mots à l'un de ses hommes, celui-ci partit aussitôt, prit un filet de chasse et revint un instant après avec un énorme coq et quelques œufs que le mwéné nous pria d'accepter. Je ne pouvais refuser sans lui faire injure, mais, n'ayant rien de déballé, je m'excusai de ne pouvoir lui offrir de cadeau, en lui promettant de lui en envoyer un dans une meilleure occasion. Enfin, après avoir pris quelques renseignements sur le pays, les usages, et après nous être promis amitié réciproque, nous nous quittâmes, et nous reprîmes notre route vers le Wamé. (voir les gravures p. 33 et 39).

Nous n'avons plus maintenant qu'à descendre des pentes assez raides et de mauvais sentiers rocailleux : à travers forêts et broussailles, nous arrivons dans cette grande plaine arrosée par le fleuve et que nous venons de contempler. Nous la traversons dans sa largeur de l'est au nord-ouest, en passant près de plusieurs habitations, et nous allons camper à Mlonga, à 500 mètres du Wamé.

Le lendemain, à cinq heures, nous étions sur pied. Nous traversâmes le fleuve en face du village de Mghi-ghèma, assis au pied de la montagne de ce nom : ce passage se fit sans difficulté, dans une pirogue. Comme les eaux étaient basses, coulant sur un fond sablonneux, et comme en cet endroit il n'y avait pas de crocodiles à craindre, nos montures furent jetées à l'eau et halées à l'autre bord.

A partir de Mghi-ghéma, deux chemins s'ouvrent vers Mandéra (si l'on peut appeler chemins ces misérables sentiers) : l'un par-dessus les montagnes, affreux et très long ; l'autre longeant le Wamé et tournant le Mghi-ghéma, meilleur et plus court, mais présentant des passages difficiles et impraticables pour nos ânes et pour nos porteurs chargés de lourds fardeaux. Pendant que le reste de la caravane se dirige vers le sentier ordinaire, le P. Hacquard et moi, prenons le second, suivis de trois de nos chrétiens. A travers des herbes et des joncs qui nous dépassent, nous arrivons sur le versant oriental du Mghi-ghéma, au pied duquel coule le Wamé, profondément en-

Dans l'Oudoé; d'après un croquis du R. P. Leroy. (voir p. 19)

caissé entre cette montagne et la chaîne de l'Oudoé. Plus de chemin : suspendus sur le fleuve, il faut nous accrocher à une pierre, à une racine, à une branche et chercher longtemps où poser le pied. Tantôt nous descendons à un mètre au-dessus de l'eau, tantôt nous remontons à quinze et à vingt, toujours suspendus comme des chèvres : un faux pas et nous voilà sous la dent des crocodiles, dont nous apercevons de temps à autre les noires écailles briller au soleil. Heureusement nous n'avons guère qu'une demi-lieue à faire ainsi, et, après maintes escalades, nous arrivons au but sans autre accident que quelques égratignures aux pieds et aux mains et quelques morceaux de moins à nos vêtements. Deux petits torrents, qui se jettent dans le fleuve, à traverser, une montagne à gravir, et nous nous trouverons au chemin où aboutit celui qu'ont pris nos porteurs et nos ânes.

Nous allions toujours en avant ; mais cette marche nous avait fatigués, et à peine avions-nous quitté le Wamé que je fus subitement pris d'un gros accès de fièvre avec vomissements bilieux. Mes jambes pouvaient à peine me soutenir, et il nous restait encore trois heures de marche à travers de grandes herbes et sur des montagnes très raides. Je marchai tant que je pus, et arrivé au sommet d'une colline, je m'étendis, exténué, dans l'herbe près du sentier où devaient passer nos montures. Une heure, deux heures s'écoulent, et rien ne paraît. J'allais me traîner un peu plus loin, quand accourt un porteur.

« Grand maître, les ânes sont tombés dans un précipice et l'un d'eux ne peut se relever ; c'est pourquoi il faut prendre patience et attendre ici. »

J'attendis donc. A la fin on amena les montures, mais l'une d'elles en effet paraissait être en aussi triste état que son maître ; je pris l'autre ; et nous arrivâmes ainsi à notre chère mission de Mandéra, où une bonne dose de sel, de la quinine et trois jours de repos devaient chasser la fièvre et me rendre les forces nécessaires pour continuer notre voyage.

Cependant nous avions été aperçus, et à la nouvelle de notre arrivée, tout le monde s'était mis sur pied pour venir à notre rencontre et nous souhaiter la bienvenue. Une salve de coups de fusil avait fait accourir de tout côté à la mission les chefs et les habitants des villages d'alentour.

Il y avait dix mois à peu près que j'avais conduit ici les deux Pères et le Frère chargés de commencer cette mission; mais quelle différence, quel changement! A la place des deux misérables huttes dressées à la hâte dans la forêt et qui servaient primitivement de logement, de magasin et de chapelle, voici maintenant une assez belle petite église où Notre-Seigneur est fidèlement adoré, des maisons en briques pour loger les missionnaires, des magasins, un beau et fertile jardin où tous les légumes poussent comme par enchantement sous la main du Frère Alexandre, un petit village chrétien de vingt familles au-dessus duquel se dresse une grande croix, une partie de la forêt défrichée, des campagnes cultivées avec intelligence et avec soin, des noirs accourant de tous côtés, les uns pour voir les missionnaires, les autres pour vendre leurs poules ou leur gibier; ceux-ci, en grand nombre, pour demander quelques médicaments et se faire soigner dans leurs maladies, ceux-là, enfin, pour se faire instruire et assister aux offices, silencieux et ravis, les dimanches et les fêtes. Qui jamais aurait prévu un tel résultat, obtenu en si peu de temps, au milieu de ces forêts hantées par les bêtes fauves et parmi ces pauvres sauvages dont la plupart n'avait jamais vu d'hommes blancs? (Voir la gravure p. 53) C'est que cette œuvre est l'œuvre propre de saint Joseph ; et puisque l'occasion s'en présente, je ne puis m'empêcher de publier ce que ce saint patriarche a fait pour cette mission : c'est d'ailleurs m'acquitter par là d'une dette de reconnaissance.

C'était en 1880. Il nous fallait une station intermédiaire entre Bagamoyo et Mhonda, et j'entrepris un voyage d'exploration pour chercher un endroit convenable et y établir un village chrétien : le P. Machon m'accompagnait. Le voyage fut placé sous la protection de saint Joseph, dont une relique devait nous protéger et nous conduire, et le départ fixé au 19 mars, jour de sa fête. Après avoir dit la messe en son honneur, nous nous mîmes en route, nous dirigeant vers l'Oudoé qu'aucun Européen n'avait encore visité et que nous traversâmes en grande partie. On ne nous mangea pas, mais plus d'une fois on nous fit entendre que nous paraissions pourtant bien *bons*, et que si nous le permettions, on serait heureux d'essayer nos porteurs pour commencer ; beaucoup de petits propos de ce genre furent tenus, non sans quelque malice. Mais quand il en fallait venir à l'autorisation de nous fixer quelque part, nous étions vite éconduits, et nous ne pûmes jamais rien obtenir. Voyant donc que, pour le moment, il n'y avait rien à faire en ce pays, je dis à saint Joseph : « Vous êtes notre guide. Pour la gloire de votre divin Fils, vous devez nous montrer l'endroit choisi par le bon Dieu dans ses desseins de miséricorde pour ces pauvres âmes. Faites comme il vous plaira ; mais nous ne reviendrons pas ici avant que l'emplacement soit déterminé et que tout soit arrangé pour l'établissement de la mission future... » Et, continuant notre voyage, nous quittâmes l'Oudoé pour passer dans l'Ouzigoua, ne sachant où nous allions, marchant à l'aventure, errant de village en village, renvoyés d'un chef à un autre, courant et espérant toujours, et toujours sans résultat. Enfin, le mercredi de la semaine sainte, nous arrivâmes chez un chef du nom de Kingarou (voir son portrait p. 59), surnommé dans le pays *Face du serpent*, pour le distinguer de Kingarou le Grand, roi de l'Oukami; le village s'appelait Mandéra.

Aussitôt qu'il nous aperçoit, Kingarou s'arrête; puis, reculant d'un pas, il pousse une exclamation, il secoue la tête, il nous considère, et plus il regarde, plus les marques de son étonnement se multiplient : « Ecoutez mes paroles, nous dit-il enfin, écoutez. Cette nuit, je ne sais si j'étais endormi ou réveillé, mais j'ai vu devant moi un beau vieillard qui m'a touché comme pour me faire sortir du sommeil et qui m'a dit : « Kingarou, voilà deux blancs qui « arrivent chez toi avec une petite caravane; reçois-les « bien et donne-leur tout ce qu'ils te demanderont. » Et c'est vous deux, c'est vous-mêmes, c'est toi et toi que je voyais devant moi. Ah ! comment cela se fait-il ?... »

Et sans nous laisser le temps de parler, il appelle les gens du village : « Les voilà, s'écrie-t-il, ces deux blancs que j'ai vus cette nuit, avec le bon vieillard, comme je vous l'ai dit ce matin, à mon lever : les voilà ! »

Ces pauvres gens nous regardaient avec stupéfaction. Quant à nous, surpris d'abord de l'attitude du chef, nous eûmes bientôt la clef du mystère : saint Joseph avait travaillé pour nous, et du fond de notre cœur nous lui témoignâmes notre reconnaissance en le priant de nous continuer jusqu'au bout sa miséricordieuse intervention.

L'émotion première étant un peu calmée, je fis part à Kingarou du but de notre voyage et lui demandai de nous céder sur ses terres un endroit convenable : « Tout ce que j'ai est à vous, répondit le bon chef; ma maison est à vous, mon champ est à vous, mes hommes sont à vous.

Les bords du fleuve Wamé ; d'après une photographie du R. P. [illegible]

Choisissez ce qu'il vous plaira, et restez chez moi. » Nous passâmes là huit jours, célébrant les fêtes de Pâques au milieu de ce village inconnu que saint Joseph nous avait désigné et donné. Pendant tout ce temps, Kingarou ne savait que faire pour nous être agréable : il nous logeait dans une de ses cases, nous faisait apporter des moutons, des volailles, du riz, des bananes, nous conduisait partout, nous montrait les endroits les plus favorables et nous prodiguait les témoignages de son respect et de sa sympathie.

L'emplacement de la mission déterminé, nous partîmes ; mais le chef, qui sans doute est du nombre de ceux auxquels, selon saint Thomas d'Aquin, Dieu enverrait un ange plutôt que de les laisser périr sans baptême, ce bon chef voulut nous servir de guide jusqu'aux confins de l'Oudoé.

Quinze jours après, il vint nous voir à Bagamoyo, et, quand le moment de commencer l'œuvre fut arrivé, il revint encore avec de nombreux porteurs pour conduire les missionnaires et chercher les bagages. Depuis lors son dévouement pour nous ne s'est jamais refroidi, et, avec plusieurs de ses gens, il fréquente assidûment tous les offices de la mission.

Voilà ce que saint Joseph a fait pour Mandéra : saint Joseph est un bon missionnaire : A lui tout honneur, gloire et reconnaissance !

Le dimanche, 22, après les offices, nous nous mîmes de nouveau en route, afin de pouvoir arriver le dimanche suivant sur les montagnes du Ngourou, à notre mission de Mhonda. J'avais prié Kingarou de nous conduire chez quelque chef de sa connaissance, à Mbouzini ou dans les environs, pour y chercher un poste favorable entre nos deux stations déjà établies : il le fit de la meilleure grâce du monde. Mais la circonstance était solennelle, et il voulut le montrer. Vêtu d'une redingote noire et d'un langouti tout neuf, coiffé d'un grand casque en cuivre, qu'un pompier de Paris avait déjà fait passer à travers bien des incendies, mais qui n'en était pas moins une merveille pour un chef africain, chaussé d'une vieille paire de souliers, le sabre à la main et le fusil sur l'épaule, Kingarou se mit fièrement à la tête de la caravane et nous conduisit chez Kolwa, chef important et ami dévoué des Pères de Mandéra. Ceux-ci avaient voulu nous accompagner jusqu'à une certaine distance. Arrivés sous un arbre immense autour duquel s'enroulait la *liane du voyageur*, nous nous arrêtâmes, et, ayant mangé quelques bananes, nous reçûmes les adieux de nos confrères, puis nous poursuivîmes notre chemin.

A trois heures, nous étions chez Kolwa : ce chef nous accueillit très bien, nous logea chez lui, nous apporta un mouton, des poules, des œufs, du riz, et aux demandes de renseignements que nous lui fîmes sur le pays que nous allions visiter, il répondit en nous indiquant un endroit convenable, près de Mbouzini et chez un chef nommé Bwambara.

Ce Kolwa est lui-même un des principaux maîtres de la partie de l'Ouzigoua où a été établie la mission de Mandéra. On trouve chez lui de beaux troupeaux de vaches et de cabris, de superbes plantations, une terre rouge et fertile, mais un peu sèche par suite du manque de cours d'eau. Le sol contient du minerai de fer en abondance. Le village qu'il habite, assez considérable, est défendu par une double enceinte faite avec d'énormes troncs d'arbres autour desquels croît et s'entrelace une impénétrable forêt de lianes et d'arbustes à épines crochues. Une seule porte y donne accès. Autour des cases, rondes et en torchis, régnait alors une certaine animation. Les femmes cuisaient le pombé. (Voir la gravure p. 65).

Pour obtenir cette boisson, connue et hautement estimée dans toute cette partie de l'Afrique, on fait d'abord germer le *mtama* (espèce de sorgho); puis, après avoir ôté les germes et l'avoir fait griller, on le met dans des jarres où on le laisse bouillir et fermenter, et le pombé est fait. Avant la fermentation, on l'appelle *tokwari*: il est doux et très enivrant. Fermenté, il a une saveur aigrelette, rappelant plutôt le cidre que la bière; on y jette ordinairement quelques poignées de sorgho pour qu'il y ait à boire et à manger.

Nous quittâmes Kolwa le lendemain matin, au chant du coq. Comme la veille, Kingarou nous servit de guide à travers la forêt, et, à neuf heures, nous rejoignîmes à Magoubika le grand chemin des caravanes venant de Sadanie. Après une halte nécessaire pour nous procurer des provisions (car nous ne devions rien trouver dans les deux stations suivantes), nous repartîmes à trois heures de l'après-midi, afin de gagner le camp des caravanes à Kikwaso. Nous y étions à six heures. C'est un village assez grand, mais, quelques jours avant notre arrivée, les habitants l'avaient abandonné, chassés par les vexations qu'ils avaient éprouvées de la part des caravanes arabes et des soldats du Sultan. Toutes les cases étaient vides.

Ce fut dans cette étape que le P. Hacquard sentit les premières atteintes de la fièvre. Une heure après avoir quitté Magoubira, pris d'un assez fort accès, ne tenant plus sur ses jambes et l'âne le fatiguant trop, il avait été obligé de s'étendre dans les herbes à l'ombre d'une touffe d'arbres. Arrivé au camp, il se coucha dans son hamac, et après avoir pris une tasse de thé chaud et absorbé une grande quantité d'eau, il put transpirer, s'endormir et passer une assez bonne nuit malgré les puces, les punaises et les carapates que les habitants du lieu avaient oublié d'emporter avec eux et qui étaient restés, en grand nombre, seuls gardiens de ces cases abandonnées.

Le lendemain, à cinq heures, le Père était sur pied. Je lui offris l'unique monture que nous possédions, car l'autre était devenue incapable de nous suivre et nous l'avions laissée à Mandéra. Il ne voulut pas la prendre, disant que l'âne le fatiguait plus que la marche à pied, et nous nous engageâmes, comme d'habitude, dans de hautes herbes couvertes d'une rosée épaisse et froide. Nous fûmes bientôt trempés jusqu'au-dessus des hanches. Une heure et demie après, un nouvel accès de fièvre se déclara chez le P. Hacquard; mon pauvre compagnon de voyage se traîna tant qu'il put; puis, se couchant dans les herbes, se relevant, s'étendant de nouveau, il finit par arriver avec nous jusqu'à Kwadigwamé. Il était huit heures et demie. Les porteurs ayant demandé à continuer leur route jusqu'à Mréré, afin de pouvoir se procurer des vivres, je les laisse partir avec des étoffes; mais ils reviennent bientôt, n'ayant presque rien trouvé, se serrant le ventre et mécontents.

Cependant, le Père se trouva encore debout le lendemain matin, et cette fois je pus le décider à prendre une dose de quinine. Notre petit déjeûner fini, nous suivions tranquillement le chemin des caravanes, montant insensiblement, traversant des forêts et de belles vallées, mais ne rencontrant aucun village, quand, vers sept heures et demie, de grands troupeaux de zèbres et d'antilopes apparurent à 500 mètres de notre sentier. Le P. Hacquard, qui marchait vaillamment, se jette dans les broussailles avec son fusil, emporté par le désir d'abattre une de ces bêtes et de rompre le jeûne forcé de nos porteurs. Mais déjà les antilopes l'ont vu : le Père les poursuit et disparaît. Une demi-heure se passe, nous appelons, je donne des coups de sifflet; pas de réponse; trois hommes sont envoyés qui

Les bords du fleuve Wamé ; d'après une photographie du R. P. Baur (voir p. 26).

perdent dans les fourrés les traces du chasseur et qui reviennent après avoir tiré en vain des coups de fusil. D'autres porteurs sont dirigés dans divers sens; ils nous rejoignent une heure après. Recherches infructueuses! J'étais inquiet; mais pensant enfin que le Père, après quelques détours, a trouvé le chemin de Mbouzini, qu'il nous précède, que peut-être il nous attend, je fais partir la caravane. Nous arrivons chez Bwambwara à deux heures et demie; mais là, de même qu'à Mréré, on n'a vu personne. Qu'est donc devenu le P. Hacquard? A-t-il été pris par la fièvre? s'est-il égaré dans une forêt? est-il tombé dans un de ces trous profonds que l'on creuse en ce pays pour prendre les animaux sauvages? Toutes ces suppositions passaient et repassaient dans mon esprit. J'envoie de nouveau des hommes dans toutes les directions et j'attends. Enfin, vers six heures, le Père arrive, accompagné d'un noir. Il était harassé, couvert de sueur. Il n'a pas vu nos hommes qui ne rentrent que bien avant dans la nuit.

Que s'était-il donc passé?... Après avoir poursuivi le troupeau d'antilopes pendant quelque temps, le Père, revenant ou plutôt croyant revenir sur ses pas, avait suivi un petit sentier qu'il pensait être le nôtre et qui l'avait conduit à une rivière inconnue. Rebroussant chemin, il avait trouvé, sur un sentier plus large, des traces de souliers: « Ces traces se dirigent vers la côte, s'était-il dit, ce sont celles du voyageur anglais dont on a annoncé l'approche; je n'ai donc qu'à prendre la direction opposée, et dans quelques heures, je serai à la station... » Il marche, il marche, et il arrive... à Kwadigwamé, que nous avions quitté le matin même: les traces fatales étaient les siennes propres!... « A quelque chose malheur est bon », dit le proverbe. Cette double étape, faite à la course, avait déterminé une transpiration abondante qui avait coupé un nouvel accès de fièvre.

Cependant, notre arrivée subite chez Bwambwara avait jeté l'épouvante dans le village : les femmes se sauvent dans les broussailles, les hommes qui travaillent dans les champs accourent à la hâte, ceux qui sont restés dans leurs cases saisissent leurs arcs et leurs flèches, et de tout côté on crie : « Un blanc ! la guerre ! la guerre !... » Nous entrons néanmoins ; Kingarou va droit vers le vieux chef, et je le suis : « Non, dis-je, pas de guerre, pas de sang, pas d'esclaves ! Mais je suis ton hôte aujourd'hui et demain, je veux être ton ami ; me chasseras-tu ?... » Bwambwara, un peu rassuré, nous conduit alors sous la varangue d'une de ses cases, fait asseoir ses guerriers et rappelle les femmes qui viennent en tremblant reprendre leurs pilons et préparer le mtama pour le repas du soir.

Prenant de nouveau la parole, je dis au chef, un vieillard dont la bonhomie est peinte sur le visage, qu'il n'a rien à craindre de notre part, que je viens de la part de Kolwa, son ami, et que, finalement, je serais heureux de m'établir chez lui... A cette déclaration, la surprise augmente, et mille suppositions courent de bouche en bouche.

« Ces blancs, dit Kingarou, ne sont pas comme les autres ; ceux-ci sont de la tribu des Français. Ils soignent les malades, ils font de beaux villages, ils enseignent de grandes choses, ils aiment les hommes noirs. Ils sont chez moi depuis plusieurs lunes, et, parce que tu es mon ami, je te les ai amenés... »

« — Tu veux me vendre, s'écrie Bwambwara : le blanc prendra mes hommes, mes femmes et mes enfants !

« — Le blanc ne fait pas d'esclaves. Quant à tes femmes, il n'en veut pas : je lui en ai offert moi-même, et il m'a répondu qu'il est l'homme du Dieu d'en haut, que les femmes parlent trop et qu'elles l'empêchent de prier...

« — Eh bien ! conclut le vieux chef, je recevrai tes amis s'ils veulent être frères de sang ! »

A cette proposition inattendue, je répondis qu'il était déjà tard,que le lendemain nous pourrions de nouveau tenir conseil ; que, pour le moment, nous avions faim. Aussitôt Bwambwara nous fit donner quelques poules que nous mîmes à la broche, et, après notre souper, nous nous endormîmes près de nos bagages en recommandant notre affaire à saint Joseph.

Le lendemain, mêmes propositions que la veille : « Si vous voulez rester, soyons frères de sang ! » — Je dis que nous étions venus, en effet, pour être les amis et les frères de Bwambwara et de tous ses hommes ; mais, comme il n'était pas de la tribu des Wadoés et habitué comme eux à manger de la chair humaine, le sang d'un blanc pourrait lui paraître de mauvais goût et le rendre malade. « — C'est vrai, dit-il ; mais voici ton ami Kingarou qui peut répondre pour toi. — J'y consens, » fit Kingarou. Et aussitôt les préparatifs commencèrent.

Cette cérémonie de la fraternisation, à laquelle j'ambitionnais peu de me soumettre, mais qui, d'ailleurs, il me semble, n'a aucun caractère superstitieux, est universellement pratiquée dans ces pays et jouit d'une grande faveur auprès des indigènes. On la dit d'origine sémitique et en usage chez plusieurs tribus sauvages de l'Asie. Peut-être a-t-elle été introduite chez les fils de Cham par les Arabes païens qui fréquentaient cette côte bien avant l'apparition de Mahomet. Quoi qu'il en soit, elle est ici depuis très longtemps pratiquée entre des personnes qui veulent contracter une amitié étroite et solennelle. Si pourtant cette amitié vient à se rompre, une cérémonie nouvelle a lieu, car le sang échangé porterait malheur aux parjures. Comme le cérémonial de cet acte important peut n'être pas sans intérêt, le voici :

Quand deux hommes veulent devenir « frères de sang » on commence par tuer une poule, et, après l'avoir plumée, on la partage en deux : le foie est mis à part. — Faut-il faire remarquer ici que nous lisons la même chose, à peu près dans la Genèse ? Lorsque Abraham, en effet, sortit d'Ur en Chaldée pour se rendre en Palestine, Jéhova lui promit de donner cette terre à sa postérité. Le Patriarche ayant donc pris une génisse, une chèvre et un bélier, avec une tourterelle et une colombe, *partagea en deux* chacune de ces victimes et plaça les parts vis-à-vis l'une de l'autre. Or, dans la nuit, une flamme passa au milieu des victimes ainsi divisées ; à ce signe Abraham reconnut que l'alliance était ratifiée par l'Eternel (*Genèse*, 15). Comme les Hébreux, les Grecs disaient ορκια τεμνειν et les Latins *fœdus ferire*, couper, frapper une alliance.

Cependant les deux parts de la volaille, ayant été séparées, furent embrochées dans un morceau de bois et rôties sur de la braise, ainsi que le foie. Bwambwara et Kingarou quittent alors leurs habits, le pagne excepté, se lavent, vont s'asseoir à terre, l'un plaçant une jambe sur celle de l'autre, et réciproquement. Une ficelle, dont ils tiennent les bouts entre les dents, les unit entr'eux, et chacun garde dans sa main droite la moitié du foie rôti de la volaille. Sur la tête des chefs, deux notables du village tiennent d'une main un *zimé* (espèce de sabre) et de l'autre un couteau (Voir la gravure p. 71). Puis, promenant lentement le couteau sur le *zimé*, comme pour l'aiguiser :

« Bwambwara, disent-ils, Kingarou t'a amené deux Blancs. — Hé ! répondent les deux chefs.

Pont de lianes sur le Wamé ; d'après un croquis du R. P. Leroy (voir p. 58).

« Ils demandent à faire leurs cases sur la terre de Bwambwara. — Hé !

« Bwambwara les recevra et leur donnera des champs dans Bouzini. — Hé !

« Bwambwara les aidera et les aimera. — Hé !

« Bwambwara ne leur nuira point et il empêchera de leur nuire. — Hé !

« Les blancs seront les amis de Bwambwara. — Hé !

« Ils seront ses frères. — Hé

« Ils ne prendront point notre pays. — Hé !

« Ils ne voleront point nos femmes. — Hé !

« Ils ne nous feront aucun mal. — Hé !

« Et si Bwambwara n'agit pas comme il a dit, Bwambwara en répondra. — Hé !

« Et si les Blancs n'agissent pas comme ils ont dit, Kingarou en répondra. — Hé ! »

Les notables passent plus rapidement les couteaux sur les sabres, élèvent la voix et continuent en déroulant la formule ordinaire de l'acte de *fraternisation*, formule que j'ai recueillie ensuite et dont je donne la traduction littérale :

« Bwambwara se fait frère avec les blancs. — Hé !

« Ne nous faisons pas frères pour nous tromper. — Hé !

« Des frères s'aiment. — Hé !

« Si ton frère te donne de sa nourriture, mange-la. — Hé !

« S'il cache son bien, ne le dis pas. — Hé !

« Si nous recevons des richesses, réunissons-les. — Hé !

« Si tu vois un ennemi qui doit offenser ton frère, ne dis pas où est ton frère. — Hé !

« Si tu vois un endroit mauvais, dis à ton frère : Ne va pas là. — Hé !

« Si tu vois un endroit bon, dis à ton frère : Va. — Hé !

« Si tu vois un endroit dangereux, dis à ton frère: Retire-toi. — Hé!

« Et si un étranger vient, mangeons-le! — Hé! »

Les couteaux passent et repassent plus rapides, la voix s'élève et, sous le vieux baobab qui couvre cette scène de son ombrage, tout le monde fait silence.

« Que le lion l'avale! — Oui.

« Que le tigre le dévore! — Oui.

« Que le serpent le morde! — Oui.

« Que le buffle l'écrase! — Oui.

« Que le couteau le coupe! — Oui.

« Que ses boyaux se tordent et qu'il crève! — Oui.

« Qu'il soit aveugle et qu'il ne voie pas! — Oui.

« Que son pied se casse et qu'il ne marche pas! — Oui.

« Que sa main sèche, et qu'il ne puisse saisir! — Oui.

« Que son corps pourrisse! — Oui.

« Qu'il meure! — Oui.

« Qu'il sorte du monde! — Oui.

« Qu'on ne le voie plus! — Oui.

« Que le morceau de foie qu'il va manger l'empoisonne! — Oui.

« Oui, que tous ces maux fondent sur lui. — Oui.

« Sur celui qui n'aimerait pas son frère! — Oui.

« Et que celui qui veut ainsi mange le *soga* (le foie de poule)! »

« Assez! » s'écrient les notables: « Assez! » répondent les chefs. Aussitôt, celui qui a tué la poule donne un coup de couteau sur la ficelle et la coupe en deux. Il fait ensuite trois ou quatre incisions dans la peau du creux de l'estomac des contractants, de manière à ce que le sang coule, et il leur présente une poignée de sel. Ceux-ci en mettent un peu sur leurs incisions, imprègnent le foie rôti du sang qui coule et se présentent mutuellement le morceau de l'alliance, le *soga*. Les chefs le mangent : les voilà *frères* éternellement.

Quand la cérémonie de fraternisation fut achevée, Bwambwara s'avança vers nous : « Maintenant, dit-il, je sais que vous ne pensez point le mal et je suis heureux. Venez avec moi, nous parcourrons le pays et vous prendrez ce qui vous conviendra. » Cet homme, en effet, me paraissait entièrement changé.

Profitant de l'offre, nous partîmes aussitôt pour visiter à l'ouest la rivière Kikula et la vallée qu'elle arrose. Cette rivière, affluent du Wamé, est très rapide et très forte à la saison des pluies ; elle vient du nord et prend sa source entre les pics du *Kilima Mganga* (montagne du sorcier) et le *Kilima Zambi* (montagne du crime), barrières naturelles qui s'élèvent entre l'Ouzigoua et le pays assez mal famé des Wakawafi et des Wakamba. Son eau, qu'elle roule à travers des rochers de quartz et de grès, est limpide et poissonneuse : les pierres sont couvertes de larges huîtres nacrées et de moules énormes ; devant nous, les hommes qui nous accompagnaient ont pris des anguilles et des poissons ressemblant à des brochets. La vallée de la Kikula est d'une végétation splendide et d'une incroyable fertilité. Çà et là, mais à une assez grande distance les uns des autres, des villages sont perchés sur les collines ou cachés dans les broussailles de la plaine. C'est sur les bords de cette rivière que nous pourrions nous établir, et nous avons jeté les yeux sur un endroit qui nous paraît bon, à deux lieues du chemin des caravanes qui viennent de Sadani ou qui s'y dirigent, et sur des hauteurs appelées *Hessoswé*. Le terrain ne manque pas, et on y pourrait former de beaux villages. Dans la forêt, les bois de construction abondent, et, dans les rochers, on remarque beaucoup de fer et un autre minerai plus lourd, plus dur, moins brillant, et dont je n'ai pu reconnaître la composition, se dressant en gros blocs parmi les rochers de quartz blanc et détachant de là ses masses noires ; j'avais cru d'abord avoir trouvé du charbon de terre.

Après nous être fixés sur l'emplacement de la station future, nous revînmes à notre camp, et nous fîmes nos préparatifs de départ pour le lendemain ; car, le dimanche suivant, nous devions être à Mhonda. J'offris donc quelques cadeaux à mon vieux « frère » Bwambwara et à ses fils, des pièces d'étoffe, un bonnet de chef, des verroteries ; je reçus en retour un beau mouton et du riz pour nos gens ; nous quittâmes le village avec l'espoir de le revoir bientôt et de planter la croix sur les hauteurs qui l'entourent. Je priai Kingarou, qui ne pouvait plus nous être utile, de retourner chez lui ; et notre petite caravane se dirigea vers le Nord, accompagnée de Bwambwara et d'un de ses hommes qui devait nous servir de guide. Deux heures après, nous nous rabattions vers le nord-ouest et nous traversions la Kikula. Le vieux chef nous quitte alors en nous prodiguant les marques de son affection fraternelle ; il nous dit que, lorsque nous reviendrons, nous trouverons pour nous une case bâtie sur un terrain défriché : j'ai su depuis qu'on travaille en effet à notre installation et qu'on nous attend avec quelque impatience.

Pour nous, nous continuons notre marche à travers la forêt et les hautes herbes, d'où se lèvent à tout moment des troupeaux de zèbres et d'antilopes. De distance en distance nous remarquons des clôtures faites avec des branches et autour desquelles sont ménagées de petites issues ; à l'intérieur une légère couche de feuilles recouvre des fosses profondes. Malheur au gros gibier qui s'aventurera dans ces parages ! Sur le flanc et le sommet des montagnes, notre attention est attirée par d'énormes blocs de quartz blanc et de grès sur lesquels brillent au soleil de larges plaques de mica ; derrière se dressent des roches toutes noires, très dures, et dont nous avons peine à détacher quelques éclats à coups de têtes de haches. Après avoir fait une courte halte devant un village fortifié, Pafé, dont les habitants se sauvent à notre approche, malgré les cris que nous jetons pour les rassurer, nous remplissons nos gourdes dans une petite mare d'eau croupissante, et nous nous dirigeons au nord de Matongou sur le chemin des caravanes. Nous y arrivons à une heure : il se déroule à travers une grande plaine dont le sol, formé d'une couche imperméable, est couvert d'eau pendant la saison des pluies et qui, à la saison sèche, est d'une aridité désolante. Toute la végétation se compose d'herbes grèles, de quelques arbres rabougris et de touffes assez nombreuses d'*acacia horrida* dont les girafes viennent tondre les feuilles. Sous ce soleil de plomb, que la marche est pénible ! Heureusement, nous avons la bonne fortune de trouver dans un rocher isolé, de huit à dix mètres de haut sur une centaine de large, une verne où dort une eau limpide et fraîche dont nous saluons la présence avec délices. Nous écartelons une poule et nous déjeûnons là. Nul incident jusqu'à Mséré, sur le Wamé, où nous arrivons vers quatre heures. Toutefois, en passant entre deux rochers, au *Kilima Nyani* (montagne du singe), des rugissements prolongés nous avaient avertis que nous n'étions pas seuls en ce triste canton.

Dans la soirée, j'allai, avec le P. Hacquard, dire mon bréviaire, vers le fleuve, sur les bords duquel m'attirait d'ailleurs un souvenir personnel : c'était là que, cinq ans auparavant, j'avais failli tomber sous la dent d'un crocodile, qui m'avait surpris dans les roseaux au moment où j'essayais de photographier un reste de pont de lianes.

Mais il ne put emporter de moi qu'un morceau de soutane, maigre déjeûner !

Le lendemain, nous reprîmes notre chemin sur un plateau boisé et marécageux où nous fîmes rencontre d'une caravane de Wangamwézi chargés d'ivoire et où je fus victime d'un aceident singulier. Souffrant un peu de la soif, je pris le gobelet que j'avais en poche et le lavai rapidement. Quand il put, comme les verres du festin célèbre,

Témoigner par écrit qu'on l'avait bien rincé,

je bus un peu d'eau; mais aussitôt j'éprouvai un léger malaise et, dix minutes après, j'étais pris de violents vomissements, comme si j'eusse avalé la plus forte dose d'émétique. L'accès dura un quart d'heure. D'où venait cette aventure ? Simplement d'une petite branche que, pour exciter un peu mon âne, j'avais arrachée en passant à un arbuste desséché ! Les traces laissées dans le gobelet par la main qui l'avait tenue avaient suffi pour déterminer ces vomissements inattendus. Malheureusement, j'avais jeté cette branche dans les herbes et perdu de vue l'arbuste auquel je l'avais empruntée. Nous aurions eu là, si je l'avais retrouvée, un vomitif qui eût avantageusement et économiquement remplacé ceux dont dispose la pharmacie de la mission.

Après avoir fait une courte halte à *Kidoudwé*, village important, mais qui était alors en grand deuil à cause de la mort récente de son chef, nous nous dirigeâmes vers le *Walé*. Cette rivière, qui se jette dans le Wamé à quelque distance de là, prend sa source entre les pics de *Mganga*. Elle arrose de nombreux villages bâtis sur ses bords, et reçoit un grand nombre de torrents qui, pendant la saison des pluies, descendent avec fracas du *Ngourou*, emportant dans leur course des arbres et des rochers. Les berges de

Fondation de la mission de Mandéra (voir p. 30.)

cette rivière sont élevées, et, dans la *Masika* (saison des pluies), il n'est pas possible d'y trouver un gué praticable. Pour nous, à l'époque où nous voyagions, nous pûmes passer sans difficulté, avec de l'eau jusqu'à la ceinture. Une marche forcée à travers les sentiers de la montagne et sous une pluie battante nous conduisit ensuite jusqu'à *Mhonda*, où notre arrivée surprit et réjouit grandement la petite colonie chrétienne : c'était le samedi soir.

La mission de Mhonda est établie sur le Ngourou, dans une position magnifique. De tous côtés, les montagnes succèdent aux montagnes, cachant dans leurs flancs de petits villages de 10, 15 et 20 cases, et montrant tantôt des rochers nus, tantôt des forêts où l'on trouve en abondance les bois de constructions, tantôt des broussailles où poussent pêle-mêle les fougères, les ananas, les bananiers, les ignames, les framboisiers et les vignes sauvages. A 30 mètres de la mission, passe le Kouloula qui va se jeter dans le Walé et dont l'eau claire, fraîche, délicieuse n'est pas le moindre agrément de l'endroit. Ce torrent n'est jamais à sec; mais, faible pendant la saison sèche, il devient très fort à la saison des pluies et roule avec un épouvantable fracas les rochers qu il détache de la montagne.

Au loin l'œil se repose délicieusement sur la plaine de Kidoulwé. Le matin, un brouillard se forme en bas, s'étend, couvre toute la vallée ; pendant que les rayons du soleil essaient de les pénétrer, produisant parfois des effets superbes, les nuages montent, montent, se jettent dans les gorges, envahissent bientôt tout le Ngourou. Mais à huit heures le soleil a déjà triomphé : les vapeurs se dissipent, et jusqu'à trois ou quatre heures de l'après-midi, la chaleur est très piquante. Alors le soleil disparaît à son tour derrière les montagnes, et la soirée est fraîche, la nuit presque froide.

C'est là que le P. Horner voulut établir, il y a quelques années déjà, une mission qu'il dédia au Sacré-Cœur de Jésus. Jeté sur ces hauteurs dans l'espérance qu'il deviendrait un grand arbre, ce grain de sénevé a déjà essuyé de rudes tempêtes. Le Père chargé de la fondation de cette station nouvelle a d'abord été obligé de rentrer en France pour essayer de refaire sa santé délabrée par les fatigues et les privations; et l'année dernière un Frère y est mort.

Peu de temps après, quelques petits chefs ambitieux et turbulents, jaloux du relief que notre présence donnait à Gosso, chef de Mhonda, homme intelligent et notre protecteur dévoué, se sont mis en guerre et se sont portés contre nous... Heureusement, sur la demande du consul de France, le sultan de Zanzibar a envoyé des soldats pour rétablir la paix entre les chefs. La paix s'est faite; mais une nuit, le feu a incendié notre magasin et quelques-unes de nos cases, dévorant en quelques heures toutes les provisions de l'année; plus tard notre bon et brave Gosso a été tué dans une embuscade. Il connaissait déjà les éléments de notre sainte religion, et nous avons confiance que le désir qu'il avait du baptême, en a fait au Ciel le premier élu et le premier protecteur de la mission de Mhonda. Gosso n'a pas encore de successeur; chaque jour on vient pleurer sur sa tombe et on attend la fin du deuil pour nommer un autre chef.

Cependant cette station commence à donner quelques consolations aux missionnaires. Il y a un petit village chrétien dont l'influence se fait déjà sentir au loin : outre les courses et les visites que fait le P. Machon, supérieur de la mission et qui ne sont jamais sans profit, plusieurs païens viennent tous les jours assister au catéchisme et se faire instruire; les dimanches et jours de fêtes, on les trouve toujours aux offices.

Pendant mon séjour à Mhonda, j'ai eu la consolation de donner la confirmation à sept adultes : pour les préparer à bien recevoir ce sacrement, on leur a fait faire une petite retraite, à laquelle ont pris part tous les chrétiens du village. Le jour de la cérémonie, fête de la Purification de la sainte Vierge, des païens en grand nombre sont accourus, approuvant du geste et de la voix ce qui se faisait et se disait, et expliquant à leur manière le sens des cérémonies qu'ils voyaient. Malheureusement on ne peut donner aux fêtes religieuses tout l'éclat qui conviendrait : les ornements font défaut, et l'état de la chapelle est déplorable. Le bois ayant été rongé par les insectes, qui dévorent tout dans ce pays, le vent l'a presque renversée. Ce n'est point la tour penchée de Pise, mais elle la surpasse en ceci qu'elle est plus penchée qu'elle ! En ce moment les missionnaires sont à l'œuvre pour élever un autre sanctuaire, plus solide, plus digne, plus convenable. Que n'ai-je les ressources nécessaircespour leur venir puissamment en aide ! Ce n'est pas un monument qu'ils veulent construire ; cette église est la première et la seule qui ait été dédiée au Sacré-Cœur de Jésus dans cet immense pays et sur ces montagnes sauvages ; ils voudraient qu'elle fût plus digne de lui. Chrétiens et païens rassemblent déjà des pierres et vont chercher des arbres ; aux âmes généreuses d'Europe, dévouées au Sacré-Cœur, de nous venir en aide.

Pendant notre séjour à Mhonda, nous reçûmes la visite des différents chefs des environs. De part et d'autre, il y eut grand échange de politesse et de cadeaux ; mais nous ne pûmes cependant féliciter de sa conduite l'un d'eux, Madchinja, de Kidoudwé, qui venait de brûler deux hommes, désignés par les sorciers comme auteurs de la mort de Makoumoulo, son frère : le seul maléfice qui avait tué Makoumoulo était la vieillesse.

Le 8 février, après avoir fait nos adieux aux missionnaires et aux chrétiens, nous nous remîmes en route. Notre intention était d'aller voir Simba-Mwéné (Lionne souveraine), reine de l'Ouzigoua, établie au pied des montagnes de l'Ourougourou, au sud de Mhonda. Après avoir de nouveau traversé le Walé et rejoint le chemin des caravanes que nous quittâmes bientôt, nous pûmes, malgré un fort accès de fièvre qui avait repris le P. Hacquard, arriver jusqu'à la rivière de Mkindo, affluent du Wamé, et camper dans un petit village du même nom, où le chef Mangote nous reçut très bien. Le lendemain, à six heures, nous passions la rivière, avec de l'eau jusqu'à la ceinture, et, après deux heures de marche dans une plaine couverte d'une végétation luxuriante, nous arrivions à Wamé. Le Wamé est un large et beau fleuve qu'il fallait aussi traverser; mais comment faire?

Il y avait bien là un pont, mais, en l'apercevant, chacun dut se dire que ce pont était plutôt fait pour jeter à l'eau les passants que pour leur permettre d'aller d'un bord à l'autre. Deux grosses lianes qui se dirigent parallèlement au travers du fleuve et en rejoignent les deux rives sont maintenues à égale distance l'une de l'autre par quelques bâtons; là-dessus, dans le sens de la longueur, on a disposé de petites gaulettes qui forment le plancher du pont. Deux autres lianes attachées aux deux bouts à des branches d'arbres et soutenues encore par d'autres qui descendent d'en haut servent de garde-fous. Tel est ce pont suspendu : au-dessus passent les hommes, en dessous regardent les crocodiles, une liane les sépare (voir la gravure p. 45.)

Etant donc arrivés là, les porteurs déposent leurs charges, font leurs réflexions, tiennent conseil, et finissent par conclure : « Les lianes sont pourries, nous ne pouvons pas

KINGAROU, chef de Mandéra (voir p. 32.)

monter dans les arbres avec nos charges ; pour aller sur ce pont, nous ne sommes pas des oiseaux. Maître, nous ne passerons pas... » A vrai dire, je n'étais pas moi-même très rassuré, mais que faire? Impossible de reculer. Après avoir donc improvisé des harangues dans tous les genres, je terminai la dernière à peu près comme il suit : « Toi, Mwényi-kondo (c'était le plus vantard de nos porteurs), tu nous dis tous les jours que tu as fait de grandes choses : si tu passes, nous te croirons ; mais si tu ne passes pas, nous te tiendrons pour un menteur et un lâche, et de Zanzibar jusqu'au Tanganika on dira que tu as eu peur de traverser une rivière sur un pont, et les femmes te cracheront à la face ! » Heureusement, cette apostrophe assez malhonnête fut approuvée de tout le monde et Mwényi-Kondo répliqua : « Je suis un homme et je passerai : mais si ma charge tombe, je n'en réponds pas. » Le pauvre diable se mit en devoir de monter sur le pont, tremblant de tous ses membres et répétant : « Je n'ai pas peur ! » Il arrive sur les lianes redoutées, pendant que les porteurs le considèrent dans un morne silence : les craquements commencent à se faire entendre, quelques gaulettes se brisent et tombent, chaque pas que fait notre homme met le pont en mouvement d'un bout à l'autre ; mais enfin il arrive, et encore tout dominé par la frayeur, il s'écrie d'une voix qu'il essaie de rendre forte : « Mwényi-Kondo est un homme : que ceux qui le sont fassent comme lui ! »

Mon heure était venue : il fallait passer : je montai sur l'arbre d'où partaient les lianes et je m'avançai avec un certain air d'intrépidité qui n'était pas tout à fait l'expression de mes dispositions intérieures. En fait, n'ayant pas pensé à ôter mes bottes, je glissai cinq ou six fois, et ayant de plus essayé de me soutenir au moyen des lianes servant de garde-fous, je m'aperçus bien vite qu'elles s'écartaient de manière à me faire perdre l'équilibre et à me jeter dans le fleuve ; cependant, après avoir fait une moitié du chemin debout et l'autre moitié à genoux, j'arrivai. Le P. Hacquart profita de l'expérience acquise à mes dépens, et fut bientôt suivi de toute la caravane : mais plus d'un porteur paya un camarade plus courageux, pour lui transporter sa charge.

Restait l'âne, et c'était bien le voyageur le plus difficile à convaincre ! Du bord où nous étions arrivés, nous essayâmes de faire passer une corde, par le pont, sur l'autre rive; les arbres et les broussailles nous en empêchèrent. Une pierre fixée à une ficelle qui, elle-même, était attachée à la corde, fut plusieurs fois lancée vers l'autre bord; elle n'arriva pas. La corde elle-même fut chargée dans un fusil, moyen extrême qui ne réussit pas mieux que les précédents. Enfin un noir de l'endroit, auquel nous avions payé le droit de péage, s'offrit pour passer le fleuve à la nage avec la corde et le repasser avec l'âne, le tout moyennant deux dotis (16 coudées d'étoffes) :

« — Mais les crocodiles ?

« — Je ne les crains pas : lorsque j'ai fait ce pont, j'ai fait alliance avec eux, et, depuis, nous ne nous sommes jamais fait de mal... »

Il se précipite aussitôt dans le fleuve, faisant grand tapage avec ses bras et ses jambes, pendant que nous tirions des coups de fusil pour effrayer ses monstrueux amis. Il arrive, attache la corde au cou de l'âne, le jette à l'eau, et nous hâlons aussitôt le malheureux bourriquet qui disparaît complètement, mais pour reparaître bientôt, un peu ébahi, frais et dispos néanmoins, comme au sortir d'un bain qu'il eût désiré.

Le Wamé était passé. Après avoir pris un peu de repos pendant lequel chacun prouva qu'il avait été le plus vaillant, la caravane se remit en marche, et tout en chassant devant elle plusieurs troupeaux d'antilopes et de *Nghiri* (sangliers à poils roux et à fortes défenses), elle arriva, à travers les hautes herbes et les forêts, au village dont Mwana-Moule est le chef. — Voulant mettre à profit pour le voyage le clair de la lune et la fraîcheur de la nuit, nous partîmes de là à minuit et demi, précédés d'un guide qui devait nous conduire chez Kigouti, chef d'un autre village bien fortifié, où nous arrivâmes en effet à trois heures et demie du matin. On appelle le chef, qui refuse d'ouvrir; force nous est donc de rester au pied du mur jusqu'au jour. A six heures, on ouvre enfin la porte, et le chef paraît. Il accepte très volontiers une tasse de café, et, de mauvaise grâce, moyennant seize coudées d'étoffes, il nous accorde deux guides pour nous conduire chez Gombo; nous partons à sept heures.

Cette journée devait être la plus pénible, une journée d'épreuves et de privations atroces, une vraie journée d'Afrique. Nous suivons d'abord un petit sentier qui disparaît, après une heure de marche, au milieu d'un épais fourré. Nos guides nous engagent alors dans un affreux canton où l'on ne trouve plus que des arbres rabougris, une végétation maigre et triste qui a peine à sortir d'un sol desséché, des acacias de toute espèce, des broussailles horribles, des lianes épineuses, et, comme si les arbustes ne suffisaient pas pour exercer la patience du voyageur, les feuilles de certaines herbes elles-mêmes sont munies en dessous de petits piquants, en forme de griffes de chat, qui accrochent les habits et font aux jambes et aux mains de terribles petites blessures. Oh! qui nous rendra les épines d'Europe, les ronces et les orties!... Ici d'ailleurs plus de chemin, plus de sentier; seules des traces d'animaux sauvages nous permettent d'avancer, mais bien souvent, après nous être engagés à l'aventure, nous sommes forcés de revenir sur nos pas. De temps à autre, nous apercevons des troupeaux de girafes, de zèbres, d'antilopes, de buffles; nous relevons même quelques larges traces d'éléphants, mais personne ne se sent le courage de poursuivre ces animaux qui filent devant nous ou se tiennent fièrement à distance. Il n'est pas encore midi; le soleil est brûlant; les porteurs, fatigués et dévorés par la soif, cherchent de l'eau dans tous les trous sans pouvoir en trouver nulle part. Bientôt les guides nous déclarent qu'ils ne veulent pas aller plus loin, de peur de ne pouvoir rentrer avant la nuit et d'être surpris dans la forêt : « Du reste, ajoutent-ils, nous n'avons qu'à nous diriger vers la montagne que nous apercevons devant nous et où nous arriverons bientôt. » Persuadés comme eux de leur inutilité, nous les laissons partir et nous pressons le pas pour rejoindre le plus tôt possible le but indiqué ; mais plus nous marchons, plus il semble reculer devant nous, tous nos pas nous paraissent être des pas en arrière. A trois heures, les porteurs avouent qu'ils n'en peuvent plus, qu'ils meurent de soif et qu'il leur est impossible d'avancer.

Nous nous arrêtons sous quelques touffes d'arbres misérables, et, par hasard, je trouve dans les herbes une espèce d'oseille et des pieds de vigne sauvage dont je coupe les sarments : quelques-uns mâchent ces feuilles, mais d'autres ne le peuvent pas, tellement leur langue est desséchée. Il restait encore près de trois verres d'eau dans ma gourde, j'en donne une gorgée aux plus souffrants et nous nous remettons en marche. Mais peu après, les porteurs, l'un après l'autre, déposent leurs charges, s'allongent dans les herbes et restent là. « Prenez patience, leur disons-nous, nous allons en avant vous chercher de l'eau. » « Pour en trouver, reprend l'un d'eux, qui autrefois avait été esclave

La cuisson du pombé ; d'après un dessin du R. P. Leroy (voir p. 36.)

dans le pays, vous avez encore à traverser six montagnes et six vallées. »

Sur cette perspective encourageante, nous partons à la découverte, le P. Hacquard et moi, suivis de trois de nos chrétiens. Nous marchons, nous marchons toujours, essayant de tromper un peu notre soif en prenant quelques gouttes d'eau de vie. Exténués, nous arrivons enfin dans un ravin où la végétation plus verte nous paraît d'un bon augure; et de fait, entre des rochers, nous trouvons dans une excavation naturelle une eau limpide et fraîche. De l'eau, de l'eau !... nous avions de l'eau !

Nous nous désaltérons avec délices et tirons aussitôt quelques coups de fusil pour avertir nos porteurs qu'ils vont être secourus. Vite tous les vases que nous avions apportés sont remplis et nos trois hommes vont à la recherche des autres. Le premier qu'ils rencontrèrent fut un catéchumène récemment racheté de l'esclavage par le P. Hacquard, au moyen d'une petite somme d'argent qu'il s'était procurée en collectionnant des insectes : le pauvre enfant avait marché tant qu'il avait pu, mais, vaincu enfin par la fatigue, il s'était couché sous un arbuste et il attendait. Le Père lui avait confié une gourde pleine d'eau qu'il avait gardée dans le cas où nos recherches auraient été infructueuses. L'enfant mourait de soif et il avait laissé la gourde intacte. Depuis, il a été baptisé sous le nom de Pierre.

De six à sept heures, tous nos hommes nous rejoignirent autour du bassin et chacun y but à longs traits cette eau que l'on dédaigne quelquefois, mais que rien ne remplace et dont j'ai moi-même apprécié rarement la valeur mieux qu'en ce jour terrible. Cependant nous trouvâmes dans ce bassin autre chose que de l'eau ; de toutes petites tortues, plates, vives, légères, qui, m'a-t-on dit, ne deviennent jamais plus grandes qu'une pièce de 5 francs (voir la gravure page 77). J'en ai rapporté sept à Bagamoyo ; elles vivent depuis lors dans un bocal plein d'eau et avalent avec beaucoup d'avidité les petits morceaux de chair crue que je leur donne de temps à autre.

Nous en aurions pris davantage, mais il paraît que c'est le *génie de la source*, et les habitants d'un village voisin, le village de *Gombo*, que précisément nous cherchions, descendant armés et poussant de grands cris, nous eurent bientôt avertis que nous avions à nous tenir sur nos gardes. Nous les rassurâmes facilement, et l'accueil que nous reçûmes de leur chef fut convenable. Du reste, personne ne se montra exigeant. Après avoir jeté les bagages sous la varangue d'une case, chacun se laissa tomber à terre comme un morceau de plomb, sans penser même à prendre un peu de nourriture. D'ordinaire les porteurs faisaient la causette bien avant dans la nuit : ce soir-là, le silence fut observé comme dans un couvent de carmélites.

Le lendemain, le soleil se leva comme il en a l'habitude, mais non point nos hommes :

« Maître, disaient-ils, nous ne pouvons point partir aujourd'hui : nous perdrions nos membres en chemin ! »

A vrai dire, nous étions aussi fatigués qu'eux, et nous fûmes heureux de profiter d'une petite pluie qui tomba toute la matinée pour prendre encore un peu de repos. Dans l'après midi, à deux heures et demie, nous partîmes, et, après avoir traversé de belles vallées fertiles et cultivées, des bosquets naturels, des forêts giboyeuses, après avoir passé l'Oughéringhéré, puis le Mrogoro, nous arrivâmes enfin chez *Mwana-Goméra*.

Si, dans l'Ouzigoua, il y avait des quenouilles et des sceptres, il faudrait dire que « le sceptre est tombé en quenouille », car *Simba-Mwéné* (*La Lionne souveraine*) est reine de tout l'Ouzigoua et Mwana Goméra est son mari. Mais, hélas! depuis que la discorde est entrée dans ce monde, elle est allée bien loin, et tant s'en faut que l'union de ce couple royal ait été « tissue d'or et de soie. » La femme disait : « Je suis reine ! » — Et le mari : « Puisque j'ai une reine pour femme, je dois être roi. » — La querelle dura longtemps, et nul ne peut dire combien de paroles regrettables furent échangées, combien d'exemples fâcheux donnés au peuple, combien de vases cassés dans le ménage. A la fin, le sultan de Zanzibar fut appelé comme arbitre, et il prononça la séparation de corps et de biens sans que l'un ou l'autre époux pût convoler à de nouvelles alliances : Simba-Mwéné resterait toujours reine, et, sous son autorité, Mwana-Goméra gouvernerait un district. Les choses, depuis lors, ont marché sans encombre.

Quoi qu'il en soit de ces orages passés, Mwana-Goméra est aujourd'hui un gros, gras et bel homme, de 50 ans environ, aimant fort à causer et à rire, et noyant chaque jour ses chagrins du vieux temps dans des jarres de pombé.

Aussitôt que nous fûmes signalés, Mwana Goméra vint à notre rencontre, portant d'une main un sabre et de l'autre une petite pioche en ébène, insigne de sa dignité. La réception fut très cordiale : il nous donna une case excellente et d'abondantes provisions, et resta à causer avec nous bien avant dans la nuit, nous faisant part, comme à de vieilles connaissances, de ses difficultés avec « son épouse. »

Voyant que j'avais affaire à un brave homme, je lui demandai s'il serait enchanté de nous avoir chez lui ; mais, prévoyant que cette affaire lui causerait de nouveaux embarras avec sa royale et très susceptible compagne, il me conseilla de m'entendre d'abord avec elle, ou plutôt avec son frère Kingo, chef de Mrogoro, car en ce moment Simba Mwéné se trouvait à la côte, à Sadani.

Pendant que nous parlions ainsi, un crieur public passa, hurlant dans une corne d'antilope en parcourant les rues du village et criant à tue-tête : « Demain et après-demain, les hommes d'ici et des alentours devront tous se rendre chez Mwana-Goméra pour labourer ses champs et boire son pombé. » Le lendemain, tout le monde fut fidèle à l'appel, et, précédés d'un guide qui nous fut donné, nous nous dirigeâmes vers Mrogoro.

A l'approche de la ville (il était alors près de six heures du soir), le guide nous devança pour aller prévenir Kingo de notre arrivée : celui-ci, comme il le fait ordinairement avec les étrangers, fit répondre qu'il n'était pas chez lui, et nous fûmes reçus par un de ses hommes qui nous assigna une grande case où l'on s'arrêta. Cependant, un de nos chrétiens de Mhonda, qui nous avait accompagnés, connaissait parfaitement ce Kingo et ses habitudes ; il alla droit à sa maison et le trouva.

« Qu'as-tu fait ? lui dit-il, en déroulant nos titres et en exaltant nos qualités, ces hommes, qui viennent honorer la ville de leur présence, ne sont pas des Arabes : ils savent que tu es ici, et si tu restes caché au fond de ta case ils prendront le frère de Simba Mwéné pour un crapaud qui ne veut pas quitter son trou. Viens, je t'aiderai à réparer ta faute. »

Kingo vint en effet ; mais grand était son embarras, et, ce soir-là, il se montra peu communicatif. Ce jeune homme, encore un peu enfant, disait-on, n'a guère plus de vingt ans : c'est lui pourtant qui gouverne tout le pays avec sa sœur Simba-Mwéné, à laquelle il va succéder bientôt. Par suite des difficultés qu'elle a eues, celle-ci s'est

La fraternisation ; d'après un dessin du R. P. Leroy (voir p. 44)

retirée à Mwhalé, à l'est de Mrogoro, où elle perçoit le *hongo* ou tribut des caravanes venant de la côte : celles qui descendent de l'intérieur le paient à Kingo.

Mrogoro est cette ville dont Cameron et surtout Stanley parlent avec enthousiasme et qu'ils appellent Simba Mwéné, du nom de la princesse qui l'habitait lors de leur passage : cette erreur est d'autant plus excusable que plusieurs villages de ces pays prennent en effet le nom de leurs chefs.

Cette ville, comme je l'ai dit, est la capitale de la vaste province de l'Ouzigoua; elle a été bâtie sur un plan et dans des proportions magnifiques par Kisabengo, un esclave devenu roi, père de la sultane actuelle. Le génie de cet homme n'eut d'égal que sa scélératesse.

Quoique quelques ruines commencent à paraître, Mrogoro présente au voyageur un coup d'œil d'ensemble qui, en Afrique, étonne et impose. Elle est comprise dans un mur en pierres bien construit et haut de plus de quatre mètres : ce mur forme un vaste carré, dans chaque côté duquel on a pratiqué une entrée, fermée pendant la nuit par une grosse porte en bois sculpté. Cette enceinte contient la maison du roi, des ministres et des principaux habitants. En dehors et tout autour, s'étend comme une seconde ville, protégée elle-même par un mur en torchis couvert d'une petite traverse qui l'abrite contre les pluies et d'où l'on peut surveiller la plaine. Ce mur a la forme d'un polygone un peu irrégulier et est percé de nombreuses meurtrières : de distance en distance, une petite porte de pièces de bois équarries, et qu'on ouvre en la soulevant, donne accès dans la ville : le soir, toutes ces portes sont fermées et barricadées jusqu'au matin. Mrogoro est un grand centre de population; on y trouve surtout beaucoup d'enfants, ce qu'on ne voit pas en général dans les villages de cette province, à cause des sentiments superstitieux qui portent les parents à s'en débarrasser trop souvent. Presque tous les jours on y rencontre aussi des caravanes, venant de l'intérieur ou s'y rendant; mais, comme elles font leurs provisions dans la ville, les vivres y sont assez chers : aux environs, on les trouve à meilleur marché. Contrairement aussi à ce qu'on voit ailleurs, il règne partout une propreté relative qui contribue beaucoup assurément à la salubrité de l'endroit : mais ici les balayeurs et vidangeurs publics ne sont autres que des corbeaux à col blanc qui s'acquittent admirablement de leur office et qu'il est absolument défendu de détruire.

Le temps que nous passâmes à Mrogoro fut employé à parcourir et à visiter le pays sous la conduite d'un guide : nous fûmes partout bien reçus, et ces excursions nous montrèrent de plus en plus l'admirable sagacité dont Kisabengo avait fait preuve en choisissant cette contrée pour y bâtir sa capitale. La ville est située au pied des hautes et belles montagnes de l'Ourougourou : au loin et à l'est s'étend une plaine immense, d'une richesse de végétation extraordinaire, soigneusement cultivée et produisant en abondance le maïs, le sorgho, la canne à sucre, les haricots, les bananes, etc. On y récoltait autrefois beaucoup de riz ; mais une année les lions étant descendus et ayant fait de grands ravages à Mrogoro et aux environs, les sorciers jugèrent que ce genre de culture ne plaisait point aux Esprits ; depuis, pas un grain de riz n'a été semé dans la vallée. Des montagnes descendent le Mrogoro, le Mwhalé et un grand nombre de torrents qui fournissent beaucoup d'eau pendant la saison des pluies : tous vont se jeter dans le Ghéringhéré, large et belle rivière qui prend elle-même sa source dans l'Ougourou, traverse l'Oukami et va rejoindre, au-dessous du Mpéci, le Roufou ou Kingani. C'est ici, du reste, que s'élève la chaîne du partage des eaux entre ce fleuve et le Wamé : elle est formée par les monts Mindou et le Mgourou-Wa-Ndeghé (Pied de l'oiseau), au-delà desquels s'étend la province de l'Ousagara. Là coule la Mkondogwa qui devient plus loin la Mkata et qui, près de Kwa-Kikougo, prend le nom de Wamé qu'elle garde jusqu'à son embouchure. Le Wamé reçoit encore, à gauche, le Roudewa, le Walé et la Kikoula, arrose la base des cônes du Pongwé, sépare l'Oudoé de l'Ouzigoua et va mêler ses eaux à celles de la mer entre les deux villages assez importants de Windé et de Sadani.

Des montagnes qui dominent la ville de Mrogoro, nous ne pouvions rassasier nos regards du superbe panorama qui s'étendait devant nous et que je ne saurais mieux comparer qu'à celui de la fertile Limagne, vue du Puy-de-Dôme. Ces hauteurs sont, comme la plaine, couvertes de petits villages populeux et bien tenus ; la température y paraît bonne et le climat salubre : une mission trouverait là, je crois, tous les éléments nécessaires pour prospérer et s'étendre. Nous jetâmes les yeux sur un endroit magnifique situé sur un plateau au pied duquel coule un large ruisseau qui descend de la montagne et dont les eaux limpides et fraîches pourraient être facilement dirigées sur le terrain choisi : cet emplacement se trouve à trois quarts d'heure de la ville.

De retour à Mrogoro, je fis part de notre intention à Kingo qui, depuis, était devenu plus libre et plus familier : il promit tout, et lorsqu'il sut que nous étions les amis de Bwana Héri, gouverneur de Sadani pour le compte du sultan de Zanzibar et homme de grande influence, il parut enchanté. Loin de réclamer le *hongo* comme il en a l'habitude, il nous fit au contraire cadeau d'un superbe mouton, de plusieurs poules, d'une charge de riz et de cannes à sucre. Je lui offris en retour quelques pièces d'étoffe, à titre d'amitié, et quand nous partîmes il vint lui-même nous accompagner assez loin.

Comme je désirais parler à Simba-Mwéné qui, me disait-on, devait être en route pour revenir, et comme d'ailleurs je tenais à connaître le chemin de Mrogoro à Mandéra, nous nous dirigeâmes vers ce point, et, en suivant la route des caravanes, nous atteignîmes Mwhalé, la nouvelle résidence de la *Lionne-souveraine.* Presque tous les habitants étaient partis : hommes, femmes et enfants étaient allés à la rencontre de leur reine. Un vieillard avait la garde de la ville : ce fut lui qui nous reçut et qui eut l'obligeance de nous montrer le chemin que nous devions suivre. Après avoir traversé sans encombre le Ghéringhéré et de nombreux torrents, presque toujours à sec, nous arrivâmes sous une pluie battante et trempés jusqu'aux os à un petit village dont Mzoungoulou est le chef; mais, ayant demandé à voir ce personnage, nous apprîmes des habitants qu'il avait été attaqué de la petite vérole et qu'il s'était retiré dans la forêt pour guérir ou pour mourir. En son absence gouvernait le grand sorcier; il avait profité de son autorité temporaire pour accuser d'avoir lancé des maléfices un pauvre vieux qui n'était pas de ses amis et le faire brûler vif. Quelques calebasses et un morceau de linge accroché à un arbre, des tisons éteints et de grands os calcinés indiquaient l'endroit du supplice.

Ce village, comme beaucoup d'autres en cette partie de l'Afrique, est entouré d'un *tembé,* espèce de fortification plus ou moins solide, composée d'un clayonnage recouvert de pisé et surmonté d'une petite terrasse : le *tembé* sert à la fois de grenier pour recevoir une partie des récoltes du village, de lieu d'observation pour surveiller au besoin les alentours, de rempart contre les ennemis et de moyen de

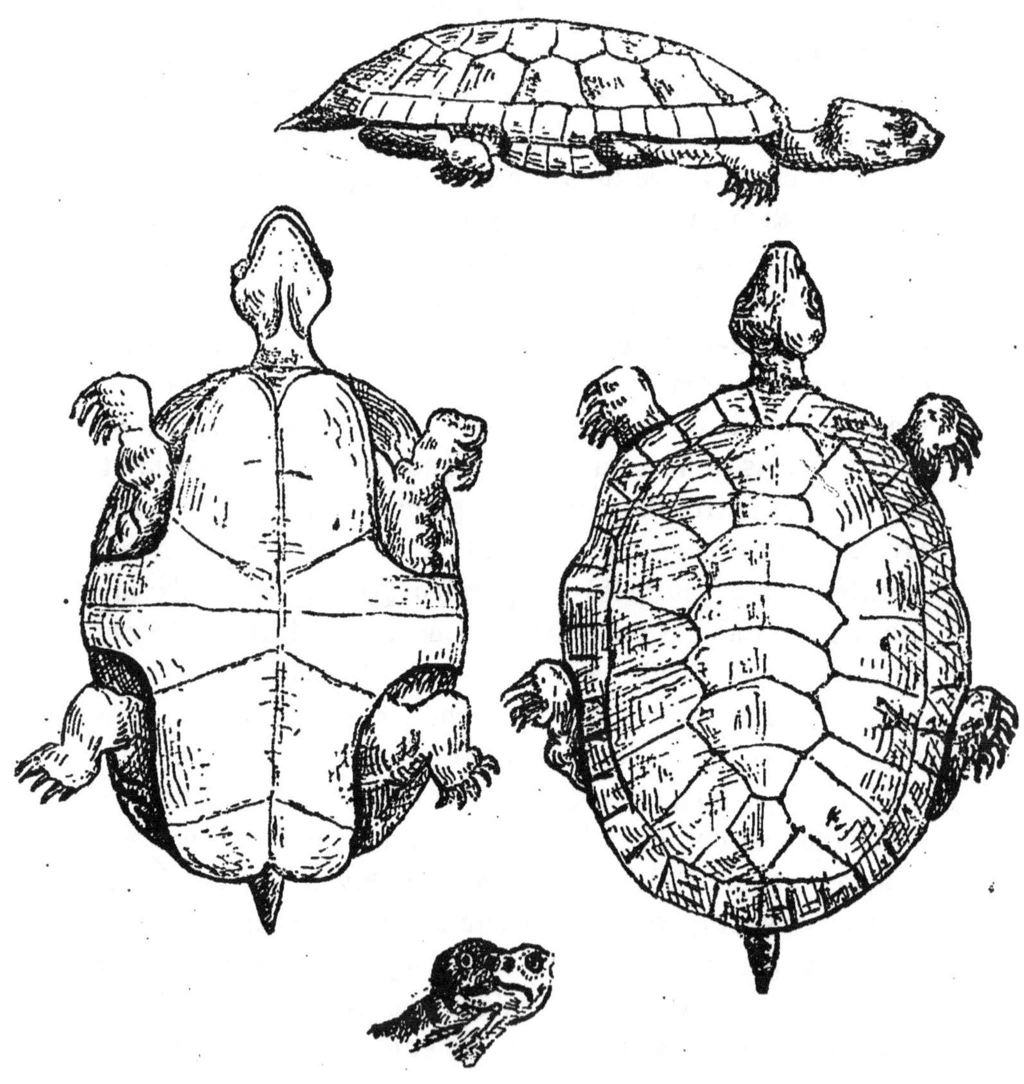

Petites tortues d'eau douce (grandeur naturelle) (voir p. 68).

défense contre les bêtes fauves. Celles-ci sont en grand nombre aux environs de *Mzoungoulou*, et, malgré notre bonne envie de dormir, nous en fûmes longtemps empêchés par le puissant rugissement du lion et les sombres ricanements des hyènes.

Le lendemain nous eûmes à traverser deux fois l'Oughéringhéré qui fait un coude en cet endroit : le passage se fit sur des arbres qui nous servirent de pont ; l'âne fut jeté à l'eau. Les ruisseaux et les torrents qui rejoignent cette rivière sont très nombreux : tantôt à sec, tantôt roulant un peu d'eau, tantôt remplis d'une fange fétide, tantôt encombrés de hautes herbes et d'épais roseaux, ils retardent toujours la marche d'une caravane. Souvent, nous y trouvâmes une quantité prodigieuse de poissons morts.

Cependant nous suivions tranquillement le chemin que le vieux sorcier de Mzoungoulou nous avait indiqué quand, au milieu des forêts, tout disparut : nous nous étions égarés loin de notre but, dans les sentiers pratiqués par les animaux sauvages. La caravane s'arrêta, et, pendant que deux hommes étaient envoyés à la découverte, notre attention fut attirée par le cri rapide et saccadé de l'oiseau à miel, appelé aussi coucou indicateur. C'est un singulier volatile que celui-là : aussitôt qu'il nous a aperçus, il crie, il vole de branches en branches, il avance, il revient, il demande qu'on le suive. Plusieurs de nos porteurs lui obéissent, certains, disent-ils, de trouver une ruche d'abeilles ou quelque bête sauvage, car cet oiseau ne trompe jamais. Bientôt, en effet, ils aperçoivent dans un trou d'arbre la ruche indiquée et, après un moment d'hésitation, Pierre, un de nos enfants, se décide à monter, une hache en main. En un instant, il s'empare d'un rayon de miel ; mais les abeilles, avec l'irascibilité qu'on leur connaît, ne tardent pas à user du droit de légitime défense : l'audacieux agresseur assailli, piqué, harcelé, se jette par terre, et, comme s'il participait à la nature du chat, il tombe heureusement sur les mains sans se faire aucun mal. Ses compagnons de fortune sont pareillement attaqués et bientôt la déroute est complète. (Voir la gravure p. 89).

A deux heures de l'après midi, les hommes envoyés à la recherche d'un chemin reviennent en annonçant leur succès et tous les porteurs se lèvent en criant : « *Safari ! safari !* En route ! » Une heure et demie après, nous entrions à Magole, petit village fortifié : le chef, qui porte le même nom, était assis à l'entrée de sa forge et tressait des nattes. De nombreuses peaux de bêtes et surtout de buffles étaient suspendues au mur de sa case : ces animaux avaient été tués dans des fosses destinées à prendre le gibier, fosses que nous avions trouvées quelque temps avant d'arriver au village.

La marche du lendemain fut égayée par le chant des oiseaux que nous rencontrâmes très nombreux sur notre passage : le P. Hacquard et moi en fûmes d'autant plus surpris que, dans les pays chauds, il est rare d'entendre les oiseaux chanter aussi bien qu'en Europe ; mais notre surprise augmenta singulièrement lorsque nous crûmes reconnaître la voix du rossignol. Je ne saurais cependant affirmer que le rossignol existe ici ; mais ce qui est certain, c'est que ce roi des chanteurs a, au Zanguebar, un concurrent qui l'égale. Cette étape, du reste, fut assez pénible à cause du tourment de la soif qu'il fallut encore endurer : nous ne trouvâmes pour nous désaltérer qu'une mare d'eau bourbeuse d'où l'on chassa un troupeau d'antilopes et dans laquelle toutes les bêtes de la forêt avaient visiblement piétiné.

Enfin le chant du coq vint nous avertir que l'homme habitait près de là : bientôt, en effet, nous aperçûmes le village Maba, qui a pour chef Makunghira. Village, chef et habitants se valent tous : ils sont d'une malpropreté qui n'a pas de nom. Dans la soirée, mais surtout la, nuit nous fûmes tourmentés,envahis par des moustiques sans nombre, des cancrelas, des carapates, des punaises, des araignées énormes, des scorpions, des scolopendres; tout cela sortait des murs, tombait des toits, courait par terre, couvrait nos habits, nos mains, nos figures. Ma valise fut rongée, et les bottes du P. Hacquard eurent en partie le même sort. Impossible de fermer l'œil : les insectes les plus dégoûtants de la création semblaient s'être donné rendez-vous dans notre case de Mbaa. La veille, plus qu'en aucun autre endroit, nous avions été aussi fort incommodés par la tsetsé.

Cette célèbre et terrible mouche, qu'on appelle en kiswahili *tchafonon*,est un des plus grands fléaux de l'Afrique: on la trouve depuis le Cap jusqu'au-delà de l'Equateur, mais, heureusement, elle est loin d'être également répartie. Sans qu'on sache pourquoi, elle habite tel et tel endroit et ne peut vivre dans tel autre, de sorte qu'on pourrait avec les connaissances que cette opération suppose, dresser une carte d'Afrique en précisant les cantons infectés par la tsetsé. Elle est un peu plus grosse et plus longue que la mouche ordinaire : le mâle est plus petit que la femelle; tous les deux sont de couleur grise et ont un bourdonnement élevé qu'il est très facile de reconnaître quand on l'a une fois entendu. Elle ne paraît pas avoir l'habitude de piquer à découvert; maintes fois, au contraire, j'ai observé qu'elle s'introduit sous les habits, dans les manches, sous la queue des animaux, etc. Elle enfonce alors dans la peau sa petite trompe à la base de laquelle brille, comme une imperceptible goutelette d'argent fondu dans une poche diaphane, une glande

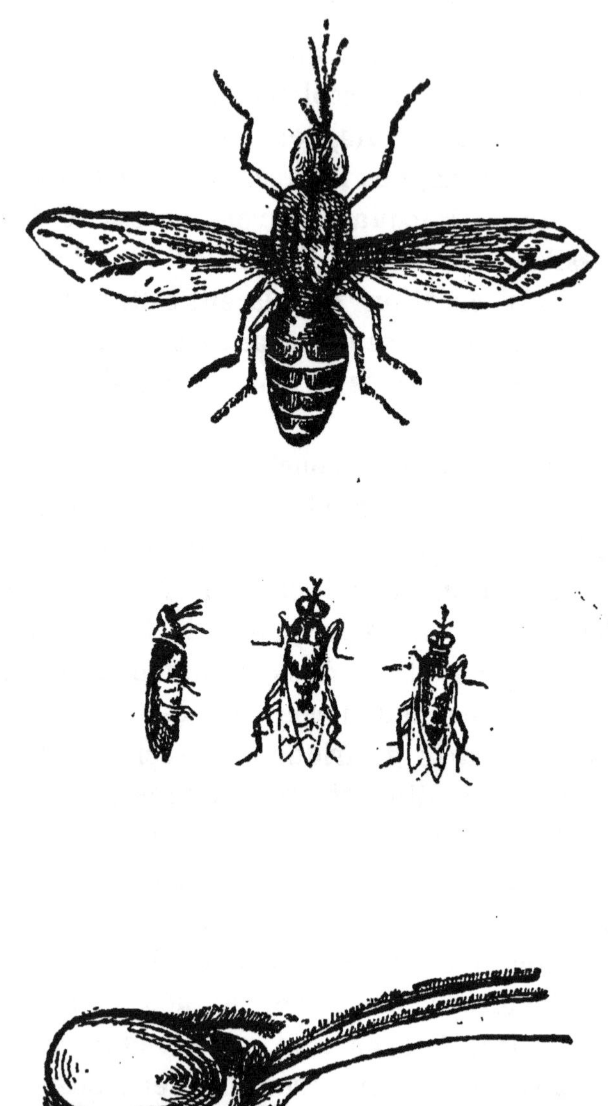

La mouche tsétsé au double de la grandeur et grandeur naturelle ; — tête de l'insecte considérablement grossie (voir p. 80).

remplie de poison : deux mandibules pénètrent ensuite dans la blessure faite par la petite tarière empoisonnée, l'abdomen se gonfle de sang, et, peu après, la mouche s'envole. Cela suffit : si la bête piquée est un bœuf, un cheval, un chien, un mouton, l'empoisonnement du sang est certain et la mort viendra. Ordinairement, l'animal périt après un affaiblissement graduel qui peut durer plusieurs semaines et parfois plusieurs mois; mais s'il est vigoureux, il est souvent pris d'une sorte d'étourdissement furieux et va se briser la tête contre les arbres. Des Européens ont ainsi perdu dans ces pays soixante, quatre-vingts et cent bœufs. Ils voulaient faire une expérience : elle leur a coûté cher. On a écrit que l'âne jouissait du privilège de l'immunité : j'ai peine à le croire, du moins pour les ânes qui ne sont pas nés à l'intérieur, car nous en avons nous-mêmes perdu plusieurs, par suite, il me semble, de la morsure de cette terrible mouche. Ainsi le pauvre bourriquet qui nous a rendu tant de services en ce voyage les a payés de sa vie : il est mort quelque temps après notre retour. L'expédition belge, pour voyager à l'intérieur, s'était procuré dans l'Inde trois éléphants apprivoisés : eux aussi sont morts. Seuls l'homme, la chèvre et les animaux sauvages supportent sans danger la piqûre de la tsetsé, qui, du reste, démange longtemps, mais n'est pas plus douloureuse que celle d'un moustique. La médecine homœopathique essaye, je crois, d'utiliser ce poison, auquel on ne connaît pas d'antidote : on dit seulement que la graisse de lion, quand on en frotte la queue des bœufs, éloigne la tsetsé de ces animaux. Mais le lion n'est pas toujours d'humeur à livrer sa graisse à qui la lui demande.

Le soir, avant de nous coucher, nous avions, après d'interminables disputes, fait un arrangement avec les hommes de Mbaa pour nous procurer un guide : le matin venu, il fallut recommencer la discussion. Fatigué, je pris le chef par le bras et le menaçant de la colère des Blancs, je lui dis :

« Puisque tes hommes sont des hyènes, tu nous accompagneras toi-même et je te donnerai ce que je voudrai. »

Le pauvre Makunghira, tremblant, se mit à notre tête et nous partîmes : le soir, nous étions chez Kongorido, près du Wamé et non loin des cônes du Pougwé. Comme nous ne pouvions passer le fleuve en cet endroit et comme la route était par ailleurs impraticable, nous fîmes le tour de la montagne qui ressemble beaucoup au Kongwé (Oukami) dont j'ai fait autrefois l'ascension avec le P. Horner et le P. Duparquet, et nous nous retrouvâmes de nouveau sur la rive droite du Wamé. Après une heure d'attente, pendant laquelle nous n'eûmes à admirer que des espèces de petites huttes bâties dans de grands arbres et qui n'étaient autres que des nids d'énormes oiseaux aquatiques, un homme parut sur l'autre bord, mit une pirogue à l'eau et nous passa. L'âne fut jeté dans le fleuve et halé avec une corde : là encore, sa vieille peau fut respectée par les crocodiles, grâce, nous affirma notre homme, à la préparation magique qu'il avait faite à cet effet. Ce vieux farceur, un peu sorcier, avait effectivement, malgré nos rires et nos protestations, mâché un morceau de bois qui lui servait de grisgris et avait craché dans le fleuve. Ce crachat avait suffi pour écarter tous les crocodiles : peut-être était-il assez malpropre pour obtenir ce résultat.... Nous passâmes la nuit dans le village de Magiza, à Hodibomé, et, le lendemain, guidés par des marchands de miel, nous retrouvions enfin Mandéra.

Un peu de repos nous était nécessaire : nous le prîmes à Mandéra. Quatre jours de marche à travers l'Oudoé et la vallée fangeuse de Kingani nous ramenèrent ensuite à

Bagamoyo d'où nous étions partis depuis près de deux mois. Six jours après, le P. Hacquard, que la fièvre avait souvent visité pendant le voyage et avait repris plus violemment à son retour, mourait saintement entre nos bras, malgré tous les soins qui lui furent prodigués nuit et jour. Il avait souvent offert sa vie pour le salut des noirs : il a été exaucé ! Depuis, un Père et une religieuse dévouée nous ont aussi quittés, le P. Strébler, du diocèse de Strasbourg, et la Sœur Marie-Pierre, de l'île Maurice, pour aller, nous en avons la consolation, recevoir la récompense de leurs sacrifices. Ce sont de grandes épreuves qui nous ont empêchés de commencer immédiatement les stations projetées. Le Maître de la moisson connaît nos désirs et nos besoins : que sa très sainte volonté soit faite !...

En terminant ce récit, il me semble utile de placer ici une réflexion que j'ai eu souvent occasion de faire en ce voyage comme en ceux que j'ai entrepris les années précédentes. Cette réflexion, du reste, est celle de tous ceux qui connaissent cette partie de l'Afrique et qui compatissent aux malheurs de la race noire : jamais on ne pourra assez déplorer les résultats lamentables du trafic de chair humaine qui s'est pratiqué dans ces pays pendant des siècles et qui continue encore aujourd'hui, malgré la défense de S. A. le sultan de Zanzibar et la surveillance active des croiseurs anglais.

Je ne veux point peindre les abominables razzias faites à l'intérieur, l'incendie et la ruine de villages, de provinces entières, le meurtre et le vol de populations heureuses, libres et pacifiques ; Livingstone a écrit que la description la plus indignée resterait au-dessous de la vérité. Mais voici des faits dont j'ai été le témoin journalier pendant quinze ans et que j'appuierai de quelques chiffres.

Entre Mrogoro et Mwhalé; d'après un dessin du R. P. Leroy (voir p. 75).

Zanzibar étant le centre de tout le commerce de la côte orientale d'Afrique, c'est sur le marché de cette ville que l'on transportait des divers points du continent, surtout de Quiloa, la plus grande partie des esclaves enlevés dans l'intérieur : de là, ils étaient expédiés en Egypte, en Arabie, dans le golfe Persique, partout. Ce commerce était lucratif et par conséquent très recherché : il n'y avait qu'à prendre et à vendre. Aussi, tous les jours arrivaient au port des boutres chargés de cette marchandise humaine : la douane en était encombrée. C'était un spectacle navrant que ces centaines de pauvres gens, hommes, femmes, enfants, vieillards, jeunes filles, ressemblant à des squelettes ambulants, abrutis par la souffrance, nus pour la plupart ou n'ayant qu'un misérable chiffon pour se couvrir ! La douane inscrivait le nombre de ceux qui passaient, car le propriétaire devait payer *tant* par tête, comme en France le fermier, qui veut vendre ses bestiaux à la foire, est obligé de les déclarer à l'octroi. Là, les esclaves étaient remis entre les mains des encanteurs, qui tous les jours les conduisaient sur une place publique où se tenait le marché de quatre à six heures du soir. Ils rentraient ensuite, et à la tombée de la nuit on les rencontrait par bandes dans les rues de la ville, marchant en longues files, ayant peine à se tenir sur leurs jambes, mais excités par la crainte du fouet qui retentissait toujours à leurs oreilles et s'aidant mutuellement en plaçant les mains sur les épaules de ceux qui les précédaient. Inutile de répéter les scènes d'horreur et d'abominable dépravation qui se passaient sur ce marché d'ignominie. Quelques voyageurs en ont parlé; mais, par respect pour leurs lecteurs, ils ont dû taire bien des choses, et je suis obligé de faire comme eux. Nul marché aux bestiaux ne peut donner l'idée d'un marché aux esclaves.

Mon cœur saigne encore et mes yeux se remplissent de larmes, en pensant à tout ce que j'ai vu là pendant quinze ans !... Ah ! que n'avions-nous alors assez d'argent pour racheter en grand nombre ces malheureux, pour arracher au moins à l'esclavage et à la prostitution publique tous ceux qui tendaient aux missionnaires leurs mains amaigries et qui leur faisaient cette prière déchirante : « Blanc, achète-moi ! »

Grâce cependant aux dons des généreux bienfaiteurs de nos œuvres, nous avons pu délivrer bien des centaines de ces pauvres noirs. Ceux qui étaient abandonnés comme inutiles ou mourants étaient recherchés, recueillis, instruits rapidement et baptisés. La plupart de ceux que nous avons rassemblés ainsi, ont déjà échangé l'esclavage contre le ciel et sont, nous en avons la confiance, de puissants intercesseurs auprès de Dieu pour la mission et pour ses bienfaiteurs. Ceux qui ont pu survivre aux angoisses de la faim, aux tourments de la maladie, aux mauvais traitements dont ils ont été l'objet (le plus grand nombre d'entre eux sont des enfants) ont été élevés, instruits, mariés ; et ces jeunes familles, qui doivent tout à leurs bienfaiteurs d'Europe, nous ont permis et nous permettront maintenant surtout d'établir, dans l'intérieur, des colonies chrétiennes autour desquelles viendront peu à peu se grouper nos pauvres et chers païens. Aujourd'hui nous avons encore près de 600 de ces enfants que Dieu a appelés à la liberté de l'Evangile et qui sont notre consolation et notre espérance.

Mais combien, sur ce marché de Zanzibar, passait-il d'esclaves ? Il serait difficile d'en connaître le chiffre exact. Cependant lors du voyage de Sir Bartle Frere, envoyé par le Gouvernement britannique près du Sultan, pour obtenir de Son Altesse l'abolition de ce marché public,

Le rayon de miel, incident de voyage du R. P. Baur; d'après un dessin du R. P. Leroy (voir p. 79).

j'ai su par des personnes compétentes et bien informées que le recensement fait à la douane donnait, en moyenne, 45,000 noirs pour une année. Mais si, aujourd'hui que les navires européens déploient une si louable activité contre les négriers, on peut encore, malgré tout, débarquer un bon nombre d'esclaves sur les divers points de l'île, combien de chargements ont dû alors échapper au contrôle de l'administration et passer sans payer les droits réclamés par la douane? Ce n'est pas exagérer que de porter à 20,000 le nombre des esclaves ainsi introduits. Or, pour fournir au marché 65,000 hommes, il fallait assurément perdre plus d'un quart de ceux qui étaient pris, soit 16,000 à peu près, à cause des massacres faits dans les razzias générales, des maladies contagieuses, des morts occasionnées par la misère et les mauvais traitements. Je me rappelle avec un sentiment d'horreur dont je ne puis me défendre que, dans mes voyages dans l'intérieur avec le P. Horner, nous avons trouvé dans l'Oukami les cadavres infects de toute une caravane sur laquelle le choléra s'était abattu et qui était restée dans la forêt. Nous arrivons donc ainsi à un total de plus de 80,000 noirs arrachés à leur pays : voilà pour une année et, pour quinze années, nous en aurons 1,200,000. Dans ce chiffre ne sont point compris ceux qu'on transportait par terre le long de la côte et qui étaient directement expédiés à destination : tous les jours on les voyait passer par centaines, enchaînés l'un derrière l'autre et formant comme un long chapelet (voir la gravure p. 93). Telle fut la traite !

Depuis, grâce à l'intervention des gouvernements européens et aux dispositions prises par S. A. le Sultan Saïd-Bargasch, qui, pour accomplir un acte d'humanité, s'est résolument exposé à encourir les blâmes et l'aversion de beaucoup de ses sujets, la vente de ces milliers d'êtres humains sur la place publique de Zanzibar a été supprimée et l'importation des noirs défendue. Mais, malgré les mesures prises, la traite se fait encore et je ne sais si on parviendra jamais à la faire disparaître entièrement. Du reste, les maîtres qui possédaient des esclaves les ont gardés, et, sans en introduire dans l'île, ils peuvent les acheter et les vendre. Sur le continent aussi, l'esclavage continue. Le noir, étant aujourd'hui une marchandise plus rare, est devenu plus cher; les filles surtout ne se donnent qu'à un prix élevé. Par une conséquence naturelle l'esclave est mieux traité : quand, dans une province en France, une épizootie se déclare et enlève une partie des bestiaux, n'est-il pas dans l'intérêt des éleveurs de soigner de leur mieux ceux qui leur restent? L'abolition du marché public, à Zanzibar, a été pour les Arabes la plus terrible des épizooties; ils s'en plaignent comme d'un fléau et ne s'en consoleront jamais.

Et maintenant, faut-il s'étonner si, après un si barbare système de dépopulation, pratiqué depuis des années et depuis des siècles, le voyageur parcourt aujourd'hui des pays entiers sans rencontrer un seul village, et si les habitants qui ont pu sauver leur liberté sont allés la mettre à l'abri sous les broussailles les plus épaisses et souvent dans les endroits les plus malsains?

En résumé, les maux de l'Afrique sont très grands, mais ils ne sont point sans remèdes : le christianisme a des soulagements pour toutes les blessures. Dans la plupart des tribus du Zanguebar, non seulement le missionnaire serait toléré, mais on serait heureux de le recevoir ; on le demande aussitôt qu'on le connaît, on le presse de venir, on est froissé de ses retards ; et, chose singulière, peut-être peu édifiante, ce sont les anthropophages qui figurent parmi nos meilleurs amis ! Dans les villes et villages de

Convoi d'esclaves : d'après un dessin du R. P. Leroy (voir p. 91).

(voir p. 91)

la côte, il y a relativement peu à faire : le climat y est en général malsain et la dépravation musulmane y paralyse l'action de l'Evangile. Mais à deux, à trois, à quatre jours de marche, nous avons déjà des sauvages, de vrais sauvages, aussi simples et peut-être mieux disposés qu'à deux et trois cents lieues dans l'intérieur. Là, du reste, les Arabes ont déjà formé des colonies nombreuses pour se livrer au commerce de l'ivoire qui ne se trouve plus dans nos parages ; là, leur influence est beaucoup plus grande que dans plusieurs tribus qui nous sont voisines. Ces pauvres gens resteront-ils encore longtemps à crier pour ainsi dire à notre porte, demandant en vain le pain de la parole divine, réclamant leur part de civilisation chrétienne et voyant briller au loin la lumière de la Croix sans pouvoir l'attirer chez eux ? Non, je ne veux pas le penser. L'Evangile, auquel on substitue aujourd'hui, dans quelques pays, des Manuels signés par des savants, cet évangile rédigé par des pêcheurs, il y a dix-huit siècles, ne sera pour nous ni trop vieux ni trop simple : on l'épellera ici avec bonheur et peut-être beaucoup croiront-ils ce qu'il enseigne, feront-ils ce qu'il prescrit. La charité européenne trouvera, au milieu de ses angoisses, quelques ressources encore pour nous faire vivre, et son zèle nous enverra des ouvriers apostoliques, jeunes, forts et fidèles, pour remplacer ceux qui tombent et pour récolter dans la joie la moisson que leurs devanciers ont semée dans les larmes !

Lyon. — Imprimerie Mougin-Rusand, rue Stella, 3.

CARTE DE LA PARTIE CENTRALE
du
ZANGUEBAR
Echelle
Route des Caravanes
Dernier voyage du R.P. Etienne Baur (1882)
MASSAÏ
(Peuple nomade et guerrier)
NGOUROU
(Pays de montagnes)
OUKAMBA
(Peuple pasteur et nomade)
OUSAMBARA
(Peuple agricole)
Tanga
Pangani
OUZIGOUR SUPÉRIEUR
Sadani
Mandera
OUDOE
(Tribu anthropophage)
Bagamoyo
OUZIGOUA
Tribu agricole
OUSAGARA
(Peuple agricole)
Mpwapwa
Sagara
OUAWÉRÉ
Tribu agricole, peuple tranquille
OUZARAMO
(Peuple agricole et guerrier)
Quelques anthropophages
OUKAMI
OUKHOUTOU
Zanzibar
OCÉAN INDIEN
35° Long. E. de Paris
36°
37°
5°
6°
7°
Imp. A. RÖPE, Rue Centrale, 21, LYON

Extrait des *Missions catholiques*.

www.ingramcontent.com/pod-product-compliance
Lightning Source LLC
LaVergne TN
LVHW020420230826
846091LV00004B/1339